Logisch! neu

Deutsch für Jugendliche
Arbeitsbuch A1.1

von
Cordula Schurig
Sarah Fleer
Stefanie Dengler
Alicia Padrós

 Alles Digitale zu diesem Buch kann auf der Lernplattform **allango** von Ernst Klett Sprachen abgerufen werden. So geht's:

 QR-Code scannen oder **www.allango.net** aufrufen

Buchtitel oder ISBN in der Suche eingeben und auf das Buchcover klicken

Zum Inhalt navigieren, direkt abrufen oder speichern

Ernst Klett Sprachen

Stuttgart

Von
Cordula Schurig, Sarah Fleer, Stefanie Dengler und Alicia Padrós in Zusammenarbeit mit Daniela Becht
Trainingskapitel von Cordula Schurig

Redaktion:
Sabine Franke und Angela Kilimann

Koordination:
Sabine Wenkums

Gestaltungskonzept und Layout:
Andrea Pfeifer

Umschlaggestaltung:
Andrea Pfeifer; Cover-Foto: ehrenberg-bilder – Fotolia.com

Zeichnungen:
Anette Kannenberg und Daniela Kohl

Satz und Litho:
Britta Petermeyer, SNOW, München

Verlag und Autoren danken Ulrike Mühling, Boris Dornstädter, Silvana Weber und ihren Schülerinnen und Schülern vom Max-Planck-Gymnasium München Pasing für ihr Engagement und ihre Mitwirkung bei den Fotoaufnahmen.

Informationen und zu diesem Titel passende Produkte finden Sie auf www.klett-sprachen.de/logisch-neu

Audios zum Arbeitsbuch:
Aufnahme und Schnitt: Heinz Graf / Christoph Tampe
Regie: Heinz Graf und Angela Kilimann / Sabine Wenkums
Produktion: Tonstudio Graf, 82178 Puchheim / Plan 1, München
Sprecherinnen und Sprecher: Ulrike Arnold, Vincent Buccarello, Marco Diewald, Sarah Diewald, Clara Gerlach, Emily Gill, Jakob Gutbrod, Jana Kilimann, Maxim Kursakov, Barbara Kretzschmar, Crock Krumbiegel, Detlef Kügow-Klenz, Sebastian Mann, Lars Mannich, Charlotte Mörtl, Sebastian Müller, Maren Rainer, Lorena Rauter, Jakob Riedl, Leon Romano-Brandt, Pia Schröder, Peter Veit, Florian Vogt, Julia Wall, Sabine Wenkums

1. Auflage 1 ⁹ ⁸ ⁷ I 2026 25 24

© Ernst Klett Sprachen GmbH, Rotebühlstraße 77, 70178 Stuttgart, 2017
Erstausgabe erschienen 2016 bei der Klett-Langenscheidt GmbH, München
Druck und Bindung: Elanders Waiblingen GmbH

ISBN 978-3-12-605204-7

Logisch! neu A1.1 – Inhalt

Kolja   Keiko   Nadja   Plato   Pia   Paul   Robbie   Anton

1 Hallo! Ich heiße ...

1 Hallo! Guten Tag.

Schreib die Sätze richtig. Schreib die Sätze auch in deiner Sprache.
Was schreibst du groß?

1. hallo!ichbinanna.

   Hallo! Ich bin _____

2. ichheißemartin.

   _____

3. wieheißtdu?

   _____

4. gutentag,herrschulze.

   _____

5. meinnameistinahuber.

   _____

6. herzlichwillkommen!

   _____

deine Sprache:

_____

_____

_____

_____

_____

2 Vornamen

Hör die Namen. Schreib die Namen richtig.

1.1

 1. Ann_a_   2. __aura   3. __na      4. __onas   5. Fin__   6. Mar__in

3 Ich heiße Anna. Wie heißt du?

a Ergänze: *ich, du, er* und *sie*.

 1. _ich_    2. _____    3. _____    4. _____

b *Heiße* oder *heißt*?

1. ● Wie _heißt_ du?

2. ○ Ich _____ Anna. Und du? Wie _____ du?

3. ● Ich _____ Laura. Und er _____ Martin.

4 Wie ist dein Name?

Vorname oder Familienname? Ordne zu.

Vorname	Familienname
Jonas,	

~~Jonas~~ • Anna • Huber • Ina • Schulze • Laura • Finn • Martin • Löscher

5 Ich bin Finn. Wer bist du?

a Ergänze.

1. Das ist _Jonas_.
   _Er_ ist mein Freund.

2. Das ist _____.
   _____ ist meine Freundin.

3. Das ist _____.
   _____ ist mein Freund.

4. Das ist _____.
   _____ ist meine Freundin.

b Bin, bist oder ist?

1. ● Hallo! Ich _bin_ Anna. Wer _____ du?   ○ Ich _____ Finn.

2. ● Wie heißt du?   ○ Ich _____ Laura. Und das _____ Hanna. Sie _____ meine Freundin.

3. ● Wie _____ dein Name, bitte?   ○ Ich heiße Jonas.

4. ● Wie _____ dein Familienname?   ○ Löscher.

5. ● Wer _____ du?   ○ Ich _____ Finn. Und das _____ Jonas. Er _____ mein Freund.

6 Gespräche in der Klasse

▶ Hör und ordne die Gespräche. Schreib die Gespräche dann richtig in dein Heft.

1.2

Gespräch 1

☐ Entschuldigung, wie heißt er?

☐1 Hallo! Ich heiße Laura. Wer bist du?

☐ Er heißt Jonas.

☐ Ich bin Finn und das ist Jonas. Er ist mein Freund.

Gespräch 2

☐ Ich heiße Jonas.

☐ Und wie ist dein Familienname?

☐1 Wie ist dein Name, bitte?

☐ Löscher.

7 Wie bitte?

Fragen und Antworten: Zwei Antworten sind richtig. Kreuze an.

1. Wer ist denn das?

Ⓐ Ich heiße Martin.

☒ Das ist mein Hund Plato.

Ⓒ Das ist mein Freund Jonas.

2. Wie bitte? Wie heißt er?

Ⓐ Er heißt Martin.

Ⓑ Sie heißt Hanna.

Ⓒ Er heißt Finn.

3. Wie buchstabiert man das?

Ⓐ P-L-A-T-O.

Ⓑ H-A-N-N-A.

Ⓒ Entschuldigung.

8 Das Alphabet

 Welcher Buchstabe fehlt? Schreib und sprich laut. Hör zur Kontrolle.

1.3

1. _W_er bist du?

2. Entschuldigun__!

3. Si__ hei__t Anna un__ ist me__ne Freundin.

4. G__ten Tag! Mein N__me i__t Ina Hu__er.

5. Her__lich willkom__en!

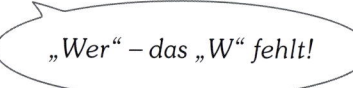

„Wer" – das „W" fehlt!

„Entschuldigung"– das „g" fehlt!

9 Der ABC-Rap

a Die Buchstaben sind durcheinander. Schreib die Wörter richtig.

E M A N	D U H N	N E U R F D	D I E N T G U N G S C H U L	S T A C H B I E B U R E N

1. _Name_   2. _____   3. _____   4. _____   5. _____

b Hör zur Kontrolle.

1.4

10 Namen in der Klasse

Ordne die Namen nach dem Alphabet.

Sarah • Matthias • Charlotte • Uwe • Jonas • ~~Maria~~ • Anton •
Michael • ~~Alex~~ • Christoph • Uta • Julia

1. _Alex_   5. _____   9. _____

2. _____   6. _____   10. _____

3. _____   7. _Maria_   11. _____

4. _____   8. _____   12. _____

11 Die Zahlen von 0 bis 20

a Schreib die fehlenden Zahlen. Der Kasten hilft.

vierzehn • zwölf • zwei • siebzehn • zehn • elf • sechs • acht • achtzehn • drei • zwanzig • null • fünf

0	_____	6	_____	11	_____	16	_sechzehn_
1	_eins_	7	_sieben_	12	_____	17	_____
2	_____	8	_____	13	_dreizehn_	18	_____
3	_____	9	_neun_	14	_____	19	_neunzehn_
4	_vier_	10	_____	15	_fünfzehn_	20	_____
5	_____						

b Rechne wie im Beispiel und schreib das richtige Ergebnis. Hör zur Kontrolle.

1.5

1. zwei + fünf = _2 + 5 = 7_

2. acht – sieben = _8 – 7 = 1_

3. dreizehn – neun = _____

4. zwanzig : zwei = _____

5. null · zehn = _____

6. fünfzehn : drei = _____

+	„plus"
–	„minus"
·	„mal"
:	„geteilt durch"
=	„ist gleich"

12 Fünf ruft Drei

Wie heißt der Buchstabe? Zähl die Buchstaben im Wort und ergänze. Sprich laut.

1. DEUTSCHLEHRERIN

Buchstabe Nummer sechs ist ein _C_____.

Buchstabe Nummer zehn ist ein _____.

2. FAMILIENNAME

Buchstabe Nummer fünf ist ein _____.

Buchstabe Nummer elf ist ein _____.

13 Projekt: Zahlen in der Schule

 Hör die Zahlen und verbinde: *sechs* mit *drei*, *drei* mit … Was siehst du?

1.6

1	2	3	4	5
6	7	8	9	10
11	12	13	14	15
16	17	18	19	20

1	2	3	4	5
6	7	8	9	10
11	12	13	14	15
16	17	18	19	20

1	2	3	4	5
6	7	8	9	10
11	12	13	14	15
16	17	18	19	20

14 Wie ist deine Telefonnummer?

 Hör zu und notiere die Telefonnummern.

1.7

1. _____   2. _____   3. _____

15 Wie alt bist du?

a Fragen und Antworten: Ordne zu.

1. _D_ Wie heißt du?

2. __ Wer bist du?

3. __ Wie alt bist du?

4. __ Wie ist dein Familienname?

5. __ Wie ist deine Telefonnummer?

A Ich bin Pia.

B Löscher.

C 0160 29 83 89 79.

D Ich heiße Paul.

E Ich bin 13 Jahre alt.

b Mal dich und schreib deine Daten in den Steckbrief.

Vorname: _____

Familienname: _____

Alter: _____ Jahre

Telefonnummer: _____

Das bin ich:

16 Tag für Tag

▶ **a** Begrüßung oder Verabschiedung? Hör die Gespräche. Eine Sprechblase ist falsch.
1.8 Streich sie durch und schreib richtig unter das Bild. Hör ein zweites Mal zur Kontrolle.

1.

Gute Nacht, Papa!

Guten Morgen, Pia!

Guten Morgen, Papa!

2.

Auf Wiedersehen, Nadja!

Hallo, Pia!

3.

Guten Morgen, Frau Müller!

Gute Nacht!

4.

Guten Tag, mein Schatz!

Tschüs, Mama!

b Begrüßung oder Verabschiedung? Ordne zu.

Guten Tag! • Tschüs! • Hallo! • Gute Nacht! • ~~Guten Morgen!~~ • Auf Wiedersehen! • Guten Abend!

Guten Morgen!

1.

2.

Wörter – Wörter – Wörter

17 Buchstaben und Zahlen

 Hör die Zahlen und Buchstaben und verbinde. Was siehst du?
1.9

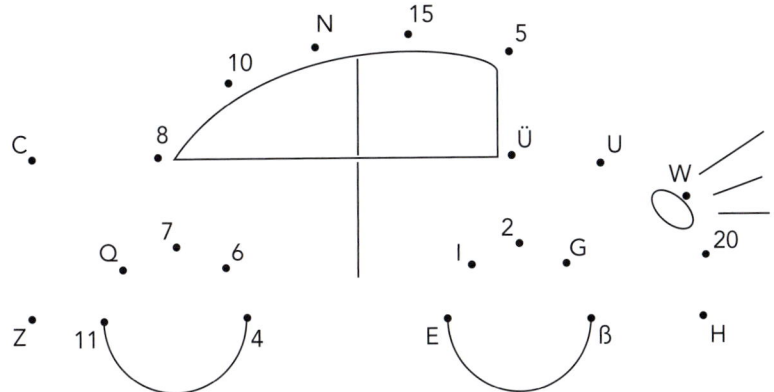

18 Fragen

 Wie oder *Wer*? Ergänze. Schreib die Fragen auch in deiner Sprache.

deine Sprache:

1. ● __Wie__ heißt du? ○ Michaela.   _____?
2. ● _____ ist denn das? ○ Das ist Plato, mein Hund.   _____?
3. ● _____ alt bist du? ○ 14 Jahre.   _____?
4. ● _____ ist dein Vorname? ○ Jan.   _____?
5. ● _____ bist du? ○ Maria.   _____?
6. ● _____ ist deine Telefonnummer? ○ 0160/6152393.   _____?

19 Wörterschlange

Hier sind sieben Wörter versteckt. Unterstreiche und schreib die Wörter.

kömtaghuasgfreundteihdtelefonnummerwhentschuldigungodundtwrhplnameswynacht

Tag _____ _____ _____

_____ _____ _____

20 Das ist falsch!

Schreib die Wörter richtig.

1. ~~Hunt~~ _____   2. ~~Enschuldigung~~ _____
3. ~~Telefoon~~ _____   4. ~~fier~~ _____

21 Meine Wörter

Welche Wörter sind für dich wichtig? Schreib fünf Wörter auf.

_____

Lernst du Deutsch?

1 Meine Schulsachen. Wie sagt man das auf Deutsch?

Hier sind neun Sachen versteckt. Schreib die Wörter neben *der*, *das* oder *die*.

A	X	V	B	I	T	H	F	Z	D	K	T
S	C	H	U	L	T	A	S	C	H	E	Ü
M	D	U	C	E	I	N	P	O	Ä	Y	Q
W	E	R	H	B	T	D	Z	M	U	I	O
D	F	G	H	R	J	Y	K	P	L	Ö	P
S	R	A	D	I	E	R	G	U	M	M	I
A	Q	W	B	L	E	I	S	T	I	F	T
E	R	T	T	L	Z	U	I	E	I	O	P
H	G	F	H	E	F	T	D	R	S	A	Ö

der _____

der _____

der _____

das _____

das _____

das _____

die *Schultasche* _____

die _____

die _____

2 Von wem sind die Sachen?

▶ **Von …? Hör zur Kontrolle und schreib wie im Beispiel.**

1.10

1. 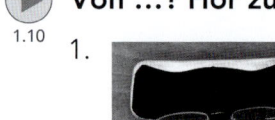 Frau Müller oder Paul?
Die Brille ist von Frau
Müller.

2. 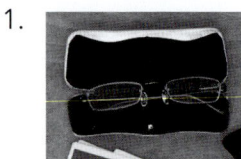 Frau Müller oder Paul?
_____
_____

3. 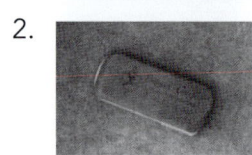 Frau Müller oder Pia?
_____
_____

4. 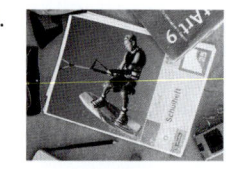 Pia oder Paul?
_____
_____

5.  Paul oder Pia?
_____
_____

3 Typisch deutsch: *der, das, die*

a Mal alle Sachen in der richtigen Farbe an: der = blau, das = grün, die = rot.

b Mach zehn Minuten oder länger Pause. Deck 3a zu. Welche Farbe hat *Handy*?
Schreib den richtigen Artikel.

1. _das_ Handy 3. _____ Computer 5. _____ Buch

2. _____ CD 4. _____ Radiergummi 6. _____ Brille

4 Wörter im Plural

 a Hör die Wörter. Markiere alle Wörter im Plural.

1.11
1. Hefte – Schultasche – Handys

2. Bücher – Radiergummi – Hunde

3. Lehrerin – Brillen – Freundinnen

4. Freunde – Name – Bleistifte

b Ergänze den Singular oder den Plural.

1. das Heft – _die Hefte_ 8. _____ – die Schultaschen

2. die Brille – _____ 9. der Bleistift – _____

3. _____ – die Radiergummis 10. _____ – die Handys

4. der Computer – _____ 11. das Buch – _____

5. der Hund – _____ 12. die Lehrerin – _____

6. _____ – die Freunde 13. _____ – die Freundinnen

7. der Schüler – _____ 14. _____ – die CDs

5 Das Buch – die Bücher! Die Bleistifte – der ...

 a Schreib sieben Wörter aus 4b mit *der*, *die* oder *das* und Plural auf Kärtchen.
Wie heißt das Wort in deiner Sprache? Schreib es auf die Rückseite.

b Misch die Kärtchen. Deine Sprache liegt oben. Wie heißt das Wort auf Deutsch?
Vergiss nicht *der*, *die* oder *das* und Plural.

6 Nadja und Robbie

Fragen und Antworten: Zwei Antworten passen. Kreuze an.

1. Kennst du meine Band schon?

   ☒ Ja, klar!

   ☐ B Robbies Band.

   ☒ Nein, kenne ich nicht.

2. Lernst du Englisch?

   ☐ A Nein, ich lerne Deutsch.

   ☐ B Mathe und Sport.

   ☐ C Ja.

3. Magst du Musik?

   ☐ A Ja.

   ☐ B Nein. Ich mag Sport.

   ☐ C Robbie mag auch Musik.

4. Wie alt bist du?

   ☐ A Nein, 13.

   ☐ B Fünfzehn.

   ☐ C Ich bin dreizehn Jahre alt.

5. Hast du ein Handy?

   ☐ A Nein.

   ☐ B 0167 / 7653982.

   ☐ C Na klar.

6. Wie ist deine Telefonnummer?

   ☐ A 27 39 48.

   ☐ B Ich habe ein Handy.

   ☐ C Ich weiß nicht.

7 Lernst du Deutsch?

1.12

Wo hörst du eine Ja-/Nein-Frage? Kreuze an.

1. ☐   2. ☐   3. ☐   4. ☐   5. ☐   6. ☐

8 Viele Fragen

a Mach ein Fragezeichen (?) bei einer Frage und einen Punkt (.) bei einem Satz.

1. Meine Schultasche ist schwer .

2. Hast du ein Handy __

3. Magst du Musik __

4. Meine Telefonnummer ist 089 / 7453811 __

5. Ich kenne Robbie Williams __

6. Kennst du meine Band schon __

7. Sie mag Musik __

8. Ist deine Schultasche schwer __

9. Wie ist deine Telefonnummer __

10. Er lernt Deutsch __

b Schreib die Fragen richtig. Antworte dann.

1. Musik / magst / du / ?   *Magst du Musik?* _____ *Ja.* ____

2. Englisch / du / lernst / ? _____ _____

3. du / hast / ein Handy / ? _____ _____

4. du / kennst / die Band / „Silbermond" / ? _____ _____

5. deine Schultasche / schwer / ist / ? _____ _____

6. 13 / bist / Jahre / du / alt / ? _____ _____

7. Maria / dein Vorname / ist / ? _____ _____

8. du / Plato / magst / ? _____ _____

9 Ist das dein Freund?

a Drei Gespräche: Was passt wo? Ergänze. Hör dann zur Kontrolle.

1.13

> Wie heißt er denn? • Ja! Coole Musik, was? • Meine Freundin? Quatsch!

1.

● Ist das deine Band?

○ _____

● Hmhm. Die ist okay.

2.

▶ Ist das dein Hund?

▷ Na klar. Das ist mein Hund.

▶ _____

▷ Plato.

3.

■ Ist das deine Freundin?

□ _____

Das ist Pia.

■ Ach so.

b *Ist* oder *sind*?

1. ● _Sind_ das deine Schuhe?

   ○ Ja, das _____ meine Schuhe.

2. ▶ Was _____ das?

   ▷ Das _____ meine Katze.

3. ■ Wie alt _____ Katja?

   □ Sie _____ 10.

4. ● _____ das deine Bleistifte?

   ○ Nein. Das _____ die Bleistifte von Pia.

10 *Mein* und *dein*, *meine* und *deine*

Markiere die Nomen: der = blau, das = grün, die = rot, Plural = gelb.
Ergänze dann *dein* oder *deine* und *mein* oder *meine*.

1. ● Paul, ist das _dein_____ Computer?   ○ Ja, das ist _mein_____ Computer.

   _____ Freundin?   _____ Freundin.

   _____ Katze?   _____ Katze.

   _____ Deutschlehrerin?   _____ Deutschlehrerin.

2. ▶ Pia, ist das _____ Schultasche?   ▷ Ja, das ist _____ Schultasche.

   _____ Handy?   _____ Handy.

   _____ CD?   _____ CD.

   _____ Freund?   ▷ Ähm, nein. Das ist Paul.

3. ■ Nadja, sind das _____ Schuhe?   □ Ja, das sind _____ Schuhe.

   _____ Stifte?   _____ Stifte.

   _____ Bücher?   _____ Bücher.

   _____ Hefte?   _____ Hefte.

11 Der Zahlen-Rap. Wie heißen die Zahlen von 0 bis 20?

Rechne. Ist das Ergebnis richtig? Wenn nicht, korrigiere.

1. fünfzehn + zwei = ~~sechzehn~~ _17_

2. zwölf – fünf = acht ___

3. acht + elf = neunzehn ___

4. sechs + neun = vierzehn ___

5. sechszehn – drei = zwölf ___

6. vier + zehn = dreizehn ___

12 Die Zahlen von 20 bis 100

 a Hör die Zahlen und verbinde. Was siehst du?

1.14

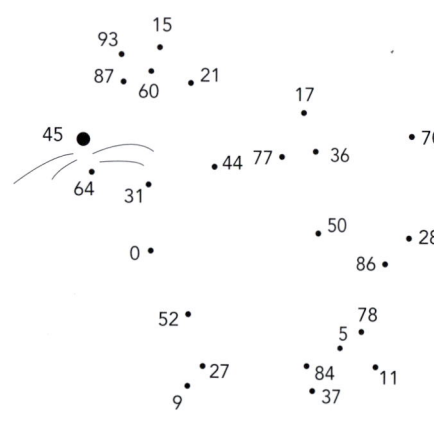

b Wie geht die Reihe weiter? Sprich laut und ergänze.

1. 2 – 4 – 6 – 8 – 10 – _12_ – ___

2. 20 – 30 – 40 – 50 – ___ – ___

3. 49 – 42 – 35 – 28 – ___ – ___

4. 8 – 16 – 24 – 32 – ___ – ___

5. 15 – 25 – 35 – 45 – ___ – ___

6. 81 – 72 – 63 – 54 – ___ – ___

13 Meine Klasse

Ergänze. Die Wörter im Kasten helfen.

1. Ich _gehe_____ in die Klasse 8c.

2. Ich _____ in die Hegelschule.

3. Ich _____ 3 Lehrer und 7 Lehrerinnen.

4. Ich _____ 25 Stunden Unterricht pro Woche.

5. Ich _____ Deutsch und Englisch.

> habe • ~~gehe~~ • habe • lerne • gehe

14 Projekt: Fantasie-Person

 Schreib fünf bis sieben Sätze in dein Heft. Die Satzteile in den Kästen helfen.

> Ich

> bin • habe • lerne • kenne • mag

> die Zahlen von 1 bis 100. • in die Klasse 7a. • 20 Stunden Unterricht pro Tag. • 13 Jahre alt. • Robbie Williams. • zwei Katzen und drei Hunde.

Ich bin 13 Jahre alt.

Wörter – Wörter – Wörter

15 In der Schule

a Was ist das? Schreib das richtige Wort.

1.	die	S	C	H	U	L	T	A	S	C	H	E
2.	der										
3.	das										
4.	der										
5.	die										
6.	der										
7.	das										
8.	die										
9.	das										
10.	der										
11.	die										

b Schreib alle markierten Buchstaben auf. Wie heißt das Lösungswort?

_____

16 Lange Wörter

Kennst du die Wörter? Wie heißt das in deiner Sprache?

	Deutsch:	deine Sprache:
1. die Schule + die Tasche	die _Schultasche_____	_____
2. das Telefon + die Nummer	die _____	_____
3. der Sport + die Schuhe	die _____	_____
4. Deutsch + die Lehrerin	die _____	_____

17 Zwei Wörter – zwei Sätze

Zwei Wörter passen. Schreib die Wörter.

1. _Magst_____ / _Hast_____ du Hunde?   Magst / ~~Lernst~~ / Hast
2. Lernst du _____ / _____ ?   Englisch / Katzen / Deutsch
3. Ich _____ / _____ Plato.   gehe / kenne / bin
4. Du gehst in _____ / _____ .   die Klasse 7b / die Schule / die Lehrer

18 Meine Wörter

Welche Wörter sind für dich wichtig? Schreib fünf Wörter auf.

_____

3 Ich komme aus ...

1 Länder und Kontinente

a Welche Länder und Kontinente hörst du? Schreib in die Tabelle.

1.15

Länder	Kontinente
Japan	

b Wie heißt das Land? Schreib das Land auf Deutsch und in deiner Sprache. Ergänze *die*, wenn nötig. Welches Land liegt nicht in Europa? Markiere.

Deutsch: deine Sprache:

1. INNFANDL *Finnland* _____
2. PANAJ _____ _____
3. EITRÜK _____ _____
4. LAGTUPOR _____ _____
5. RAIUKNE _____ _____

Deutsch: deine Sprache:

6. ANIENSP _____ _____
7. LENOP _____ _____
8. LIEITAN _____ _____
9. WEISCHZ _____ _____
10. LUGABINRE _____ _____

2 Woher?

Aus Deutschland, aus Österreich, aus der Schweiz? Ergänze.

CH

1. Der Hund kommt

*aus der Schweiz.*_____

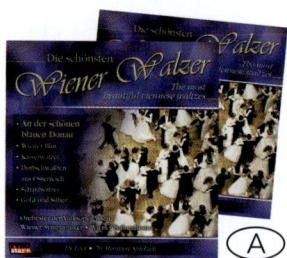
A

4. Die CDs kommen

_____

_____

_____.

D

2. Die Uhr kommt

_____

_____

_____.

D

5. Die Schuhe kommen

_____

_____

_____.

A

3. Die Schokolade

kommt _____

_____

_____.

D

6. Das Auto kommt

_____

_____

_____.

3 Woher kommt …? Woher kommen …?

a *Kommt* oder *kommen, aus* oder *aus der/den*? Ergänze.

1. Das Handy _kommt aus_ Japan.

2. Die Uhr _____ Schweiz.

3. Der Computer _____ USA.

4. Die Schuhe _____ Türkei.

5. Die Bücher _____ Deutschland.

6. Die Brille _____ Italien.

b Und deine Sachen? Woher kommen sie?

1. Meine Schultasche _kommt aus_ _____ .

2. Mein Handy _____ .

3. Meine Sportschuhe _____ .

4. Mein Deutschbuch _____ .

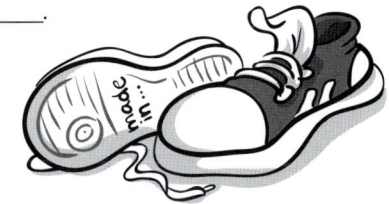

4 Woher kommst du?

Wie kommt Plato zu Pia? Die richtigen Verbformen helfen.

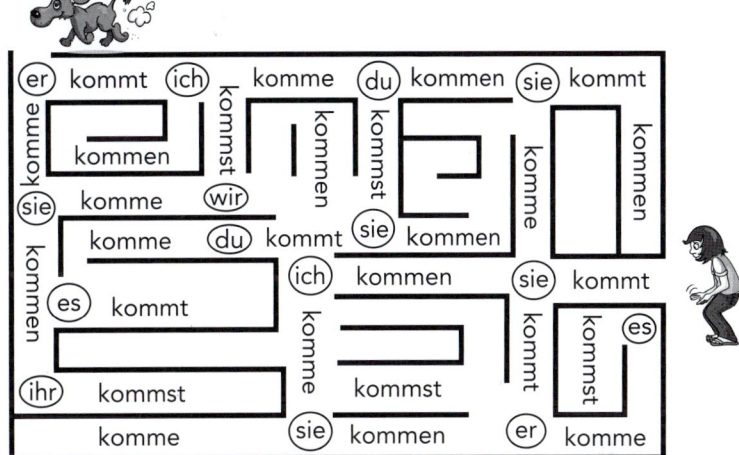

5 Projekt: Quiz „Woher kommt …?"

Dein Star. Such ein Foto und beantworte die Quizfragen.

Mein Star

Wer ist das? _____

Was arbeitet er/sie? _____

Woher kommt er/sie? _____

Wo wohnt er/sie? _____

Wie alt ist er/sie? _____

6 Was ist das?

Schreib wie im Beispiel.

   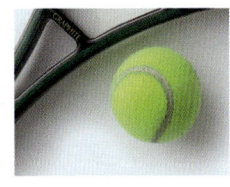 

1. _Das ist ein_   2. _Das sind_   3. _____   4. _____   5. _____

Auto.   _____   _____   _____   _____

7 Das Fahrrad – ein Fahrrad

a Mal die Sachen in der richtigen Farbe an:
der = blau, das = grün, die = rot, Plural = gelb.

b Was ist das? Schreib in dein Heft.

Nummer 1 ist eine Lehrerin.
Nummer 2 sind Hefte.
Nummer 3 ...

8 Pia am Flughafen

a Was gibt es in der Schule? Kreuze an.

1. ☐ Fotoapparate
2. ☐ Scheren
3. ☐ Brillen

4. ☐ Katzen
5. ☐ Bücher
6. ☐ Hunde

7. ☐ Schultaschen
8. ☐ Flaschen
9. ☐ Tennisbälle

10. ☐ Bands
11. ☐ Sachertorte
12. ☐ Gläser

b Deine Schultasche: Was aus 8a ist nicht in der Schultasche? Schreib.

Da sind *keine Fotoapparate, keine* _____

_____

_____

_____

9 Was ist in der Tasche von Pia? Was ist nicht drin?

Sieh die Zeichnungen an und schreib wie im Beispiel.

A

1. *Da ist ein Hund drin.*
2. _____
3. _____

4. _____
5. _____
6. _____

B

1. *Da ist kein Hund drin.*
2. _____

3. _____
4. _____

10 Das ist doch kein Handy!

▶ **Ergänze *ein(e)* oder *kein(e)*. Hör zur Kontrolle.**

1.16

1. ● Das ist __*ein*__ Hund.   ○ Das ist doch __*kein*__ Hund. Das ist __*eine*__ Katze.

2. ● Das ist _____ Handy.   ○ Das ist doch _____ Handy. Das ist _____ Computer.

3. ● Das ist _____ Heft.   ○ Das ist doch _____ Heft. Das ist _____ Buch.

4. ● Das ist _____ Pizza.   ○ Das ist doch _____ Pizza. Das ist _____ Sachertorte.

5. ● Das ist _____ Motorrad.   ○ Das ist doch _____ Motorrad. Das ist _____ Auto.

11 Ein Chat

Wie ist die Frage richtig? Wie ist die Antwort richtig? Kreuze an.

1. ● [X] Wo [ ] Woher wohnt Akimi?   ○ Akimi wohnt [ ] aus [ ] in Zürich.
2. ● [ ] Wo [ ] Woher kommt Toshiba?   ○ Toshiba kommt [ ] aus der [ ] in der Schweiz.
3. ● [ ] Wo [ ] Woher wohnst du?   ○ Ich wohne [ ] aus der [ ] in der Schweiz.
4. ● [ ] Wo [ ] Woher kommst du?   ○ Ich komme [ ] aus [ ] in Japan.
5. ● [ ] Wie [ ] Woher ist deine Adresse?   ○ Meine Adresse ist Poststraße 8.
6. ● [ ] Wer [ ] Wo wohnt in Zürich?   ○ Toshiba und Akimi.

3

12 Wo wohnst du?

Wie heißt die Stadt in deiner Sprache? In welchem Land liegt sie?

	deine Sprache:	Land:
1. Basel	_____	*in der Schweiz*
2. Berlin	_____	_____
3. Bern	_____	_____
4. Hamburg	_____	_____
5. Köln	_____	_____
6. München	_____	_____
7. Salzburg	_____	_____
8. Wien	_____	_____
9. Zürich	_____	_____

13 Wer sind Akimi und Toshiba?

a Schreib die richtige Frage.

1. *Wie heißt er* _____ ?   Er heißt Martin.

2. W_____ ?   Er ist 14 Jahre alt.

3. W_____ ?   Er wohnt in Bern.

4. W_____ ?   Er kommt aus der Schweiz.

5. W_____ ?   Die Adresse ist Brechtstraße 17.

b Schreib die Informationen aus 13a in den Steckbrief.

1. Name:	
2. Alter:	
3. Wohnort:	
4. Adresse:	
5. Land:	

14 f oder w?

Hör die Sätze und ergänze f oder w. Sprich dann die Sätze nach.

1.17

1. Mein _F_reund aus ___innland hat ___ünf ___otoapparate.

2. ___o ___ohnt ___olfgang? – Ich ___eiß nicht.

3. ___ie viele ___reunde ___ohnen in ___rankfurt? – ___ünfzehn.

4. Schon ___ünf ___ochen ___ohnt ___rank in ___ien.

5. ___er sagt „Au___ ___iedersehen, ___ranz"?

Wörter – Wörter – Wörter

15 Die Welt

Wie heißen die fünf Kontinente? Schreib die Namen in die Karte.

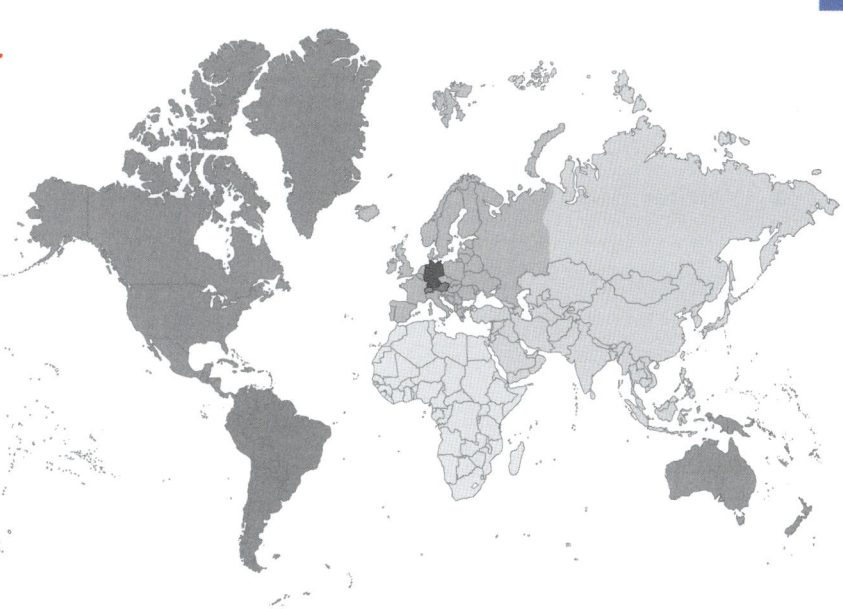

16 Wörter-Chaos

Welches Wort passt nicht? Streich durch.

1. Türkei – ~~Afrika~~ – USA – Österreich
2. Tennisschuhe – Katze – Fußball – Sportschuhe
3. Hund – Fotoapparat – Uhr – Handy
4. Torte – Pizza – Schokolade – Flasche
5. Schere – Radiergummi – Lehrerin – Bleistift

17 Steckbrief

> liegt • ist • wohnt • ist • kommt

Das _____ Nana.

Sie _____ aus Ghana.

Das _____ in Afrika.

Jetzt _____ sie in Hamburg.

Das _____ Baran.

Er _____ aus Istanbul.

Das _____ in der Türkei.

Die Türkei _____ in Asien und in

Europa.

Jetzt _____ Baran in Köln.

18 Meine Wörter

Welche Wörter sind für dich wichtig? Schreib fünf Wörter auf.

_____

4 Wer bist du?

1 Wer ist denn das?

a Welcher Beruf passt? Der Kasten hilft. Ein Beruf bleibt übrig.

Lehrer • Arzt • Sekretärin • Sportlerin

1. Tennis, Fußball, Tennisschuhe _____
2. Schüler, Buch, Schule, Unterricht _____
3. Telefon, Computer, Stift _____

b Mann und Frau. Ergänze. Schreib die Wörter auch in deiner Sprache.

	deine Sprache:		deine Sprache:
der Sportler	_____	die *Sportlerin*	_____
der Lehrer	_____	die _____	_____
der Sekretär	_____	die _____	_____
der _____	_____	die Ärztin	_____
der Freund	_____	die _____	_____

2 Wie? Woher? Was?

▶ **Hör die Sätze. Richtig oder falsch? Kreuze an.**

1.18

	richtig	falsch
1. Er heißt Johann Bauer.	☐	☒
2. Er kommt aus der Schweiz.	☐	☐
3. Er wohnt in Zürich.	☐	☐
4. Er ist 35 Jahre alt.	☐	☐
5. Er ist Arzt von Beruf.	☐	☐

3 Steckbriefe

Was passt zusammen? Ordne zu.

1. *C* Name   A Ich wohne in der Hauptstraße 12 in Bremen.
2. __ Alter   B Meine Telefonnummer ist 0421 / 35921.
3. __ Adresse   C Ich heiße Brigitte Vogelmann.
4. __ Land   D Ich bin 35 Jahre alt.
5. __ Telefonnummer   E Ich bin Sekretärin.
6. __ Beruf   F Ich komme aus Deutschland.

4 Alles falsch!

a Welcher Satz ist verneint? Unterstreiche.

Das ist Sonja Stellfeld. <u>Sie kommt nicht aus Deutschland.</u>

Sie kommt aus Österreich. Sie wohnt nicht in Wien. Sie wohnt in Linz.

Sie ist Sportlerin von Beruf. Sie spielt nicht Fußball. Sie spielt Tennis.

Sie ist nicht 25 Jahre alt. Sie ist 26 Jahre alt.

b Verneine die Sätze.

1. Sie heißt Brigitte Vogelfrau. *Sie heißt nicht Brigitte Vogelfrau.*
2. Sie ist 17 Jahre alt. _____
3. Sie ist Ärztin von Beruf. _____
4. Sie kommt aus Österreich. _____
5. Die Adresse ist Breiter Weg 24. _____
6. Die Telefonnummer ist 0732/532732. _____

c Antworte wie im Beispiel und schreib in dein Heft.

1. Heißt du Marius Müller?
2. Bist du 18 Jahre alt?
3. Kommst du aus Deutschland?
4. Ist deine Telefonnummer 76528?
5. Bist du Lehrer von Beruf?

1. Nein, ich heiße nicht Marius Müller, ich heiße ...

d *Nicht* oder *kein/keine?*

1. Pia kommt __nicht__ aus Österreich.
2. Nein, das sind _____ Fußballschuhe.
3. Paul ist _____ 18 Jahre alt.
4. Plato ist _____ Katze.
5. Toshiba wohnt _____ in Deutschland.
6. Das ist doch _____ Tennisball.

5 Aktivitäten in der Freizeit

Was brauchst du dazu? *Fahrrad fahren – Beine und Hände. Singen – ...* Kreuze an.

	Beine	Mund	Hände
1. Fahrrad fahren	X		X
2. singen			
3. Fußball spielen			
4. im Internet surfen			
5. Gitarre spielen			
6. kochen			
7. tanzen			
8. schwimmen			

6 Wer kann was?

Plato ist der Hund von Pia. Was kann er (nicht)? Schreib Sätze.

1. Fußball spielen (+)
2. kochen (–)
3. Fahrrad fahren (–)
4. schwimmen (+)
5. singen (+)
6. im Internet surfen (–)

deine Sprache:

1. _Plato kann Fußball spielen._ _____
2. _Plato kann nicht_ _____
3. _Er_ _____
4. _____ _____
5. _____ _____
6. _____ _____

7 Was kannst du? Was kannst du nicht?

Schreib Sätze mit den Wörtern. Achte auf die richtige Form von *können*.

1. Fahrrad fahren / Kolja / können / . _Kolja kann Fahrrad fahren._
2. Fußball spielen / Kolja / nicht / können / . _____
3. können / Paul / kochen / ? _____
4. Paul / tanzen / können / nicht / . _____
5. Nadja und Jannik / singen / können / . _____
6. Jannik / schwimmen / können / ? _____
7. ich / können / gut / ... _____
8. nicht / können / ich / ... _____

8 Der neue Lehrer: ein Interview

a Was sagst du zu wem? Ordne die Fragen zu.

A

B

Herr Schulze *Anne*

[A] 1. Wo wohnen Sie?
[ ] 2. Kannst du singen?
[ ] 3. Wie alt bist du?
[ ] 4. Kennen Sie die Band „Silbermond"?

[ ] 5. Können Sie schwimmen?
[ ] 6. Hast du eine Katze?
[ ] 7. Sind Sie verheiratet?
[ ] 8. Magst du Musik?

b Ergänze die richtige Verbform.

1. _Kannst_ (können) du tanzen?
2. Wie _____ (heißen) Sie?
3. Wo _____ (wohnen) Sie?
4. Woher _____ (kommen) du?
5. Wie alt _____ (sein) du?
6. _____ (können) Sie kochen?
7. Wie _____ (heißen) du?
8. _____ (haben) Sie Kinder?

9 Informationen

Welches Fragewort passt? Ergänze.

1. ● _Wie_ heißt du?   ○ Charlotte.
2. ● _____ ist dein Familienname?   ○ Lagger.
3. ● _____ wohnst du?   ○ In Wien.
4. ● _____ alt bist du?   ○ 13.
5. ● _____ ist dein Deutschlehrer?   ○ Herr Zacher.
6. ● _____ kommst du?   ○ Aus Österreich.
7. ● _____ kannst du gut?   ○ Fußball spielen und singen.
8. ● _____ ist dein Lieblingsfilm?   ○ „Avatar".
9. ● _____ buchstabiert man das?   ○ A-V-A-T-A-R.
10. ● _____ ist deine Telefonnummer?   ○ 0170 11676236.

10 Projekt: Freunde-Buch

a Welche Antwort passt? Ordne zu.

1. ___ Was kannst du gut?   A 24
2. ___ Wer ist dein Lieblingslehrer?   B Sebastian Vettel
3. ___ Was ist dein Lieblingsfilm?   C Fußball spielen, schreiben
4. ___ Was ist deine Lieblingszahl?   D „Shaun das Schaf" – Der Film
5. ___ Wer ist dein Lieblingssportler?   E Robert Pattinson
6. ___ Wer ist dein Lieblingsstar?   F Goethe-Gymnasium
7. ___ Wie heißt deine Schule?   G Herr Müller

b Welche Fragen aus 10a passen in euer Freunde-Buch?

Fragen für das Freunde-Buch: _____

11 st und scht

a Hör die Sätze und schreib in die Lücken.

1.19

1. Ö _st_ erreich ist nicht in Au___ralien.
2. Wo i___ der Blei___ift?
3. Sie buch___abieren das Wort ___raße.
4. Spiel___ du Gitarre oder sing___ du?
5. Der Familienname von Sonja ist ___ellfeld.
6. Du komm___ aus ___uttgart und wohn___ in der Berliner ___raße.

b Wo spricht man scht? Markiere.

12 Unser Deutschunterricht

a Was passt? Ordne die Verben zu. Es gibt mehrere Möglichkeiten.

> lernen • lesen • spielen • schreiben • singen

1. Lieder _____
2. Texte _____
3. Gespräche _____

4. Wörter _____
5. Sätze _____

b Ergänze die Gespräche.

1. ● _Wir_ schreiben heute einen Text. Was

   macht _ihr_ heute?

   ○ _____ singen Lieder und les_____ Texte.

2. ■ Woher kommt _ihr_ ?

   □ _____ kommen aus Italien. Und _____?

   ■ Wir komm_____ aus Polen.

3. ▶ Was mach_____ ihr?

   ▷ Wir lern_____ Deutsch. Könnt _____ auch

   Deutsch?

   ▶ Nein. _____ können kein Deutsch.

4. ● Macht _____ Sport?

   ○ Ja, wir schwimm_____ und _____ tanzen.

   Und was mach_____ ihr?

   ● Wir tanz_____ auch.

13 Im Klassenzimmer

Welcher Satz passt zu welchem Bild? Ordne zu.

A Kannst du das bitte wiederholen?
B Können Sie das bitte buchstabieren?
C Noch einmal, bitte. Das verstehe ich nicht.
D Wie heißt das auf Deutsch?

Wörter – Wörter – Wörter

14 Spiel, Sport und Spaß

Was machen die Personen? Schreib Sätze.

 Paul  Pia  Nadja  Kolja

1. _Er spielt Gitarre._   2. _Sie_ _____   3. _____   4. _____

 Anton   der Lehrer   www. Nadja

5. _____   6. _____   7. _____

15 Im Deutschunterricht

Finde 13 Wörter zum Thema Deutschunterricht. Schreib sie in dein Heft.

Q	W	E	D	F	G	B	L	V	C	H	P	Z	X	Y	I	Ö
A	P	Y	S	I	N	G	E	N	X	A	O	T	D	V	K	M
Y	Ü	A	O	E	T	B	S	B	Y	U	S	R	S	B	S	J
X	Ä	F	L	I	E	D	E	R	L	S	P	A	ß	N	J	N
S	A	D	P	E	X	Z	N	Z	Ö	A	I	R	A	H	F	B
Ä	S	J	Ü	R	T	T	I	U	M	U	E	E	W	Z	R	F
T	W	Ö	R	T	E	R	D	Ä	N	F	L	E	R	N	E	N
Z	G	E	S	P	R	Ä	C	H	E	G	E	W	T	E	T	D
E	J	M	I	D	F	G	S	Q	H	A	N	Q	V	W	K	S
C	I	U	U	S	C	H	R	E	I	B	E	N	B	Q	Ä	Q
V	Z	T	R	E	A	S	D	F	G	E	I	A	N	I	O	E
W	I	E	D	E	R	H	O	L	E	N	U	S	M	O	Ü	Ü

1. singen, …

16 Wer ist das? Was machen die Leute?

Welches Wort passt? Ergänze die Sätze. Der Kasten hilft.

1. Was ist Herr Bauer von _Beruf_ ? – Er ist Arzt.

2. Brigitte Vogelmann ist _____ .

3. Armin Weber spielt Tennis. Er ist _____ von Beruf.

4. Der neue Lehrer hat drei _____ .

5. Sind Sie _____ ? – Ja, schon 6 Jahre.

> Sekretärin
> verheiratet
> Sportler
> ~~Beruf~~
> Kinder

17 Meine Wörter

Welche Wörter sind für dich wichtig? Schreib fünf Wörter auf.

_____

1 Logisch NEU: Mein Deutschbuch

a Was machst du hier? Ordne zu.

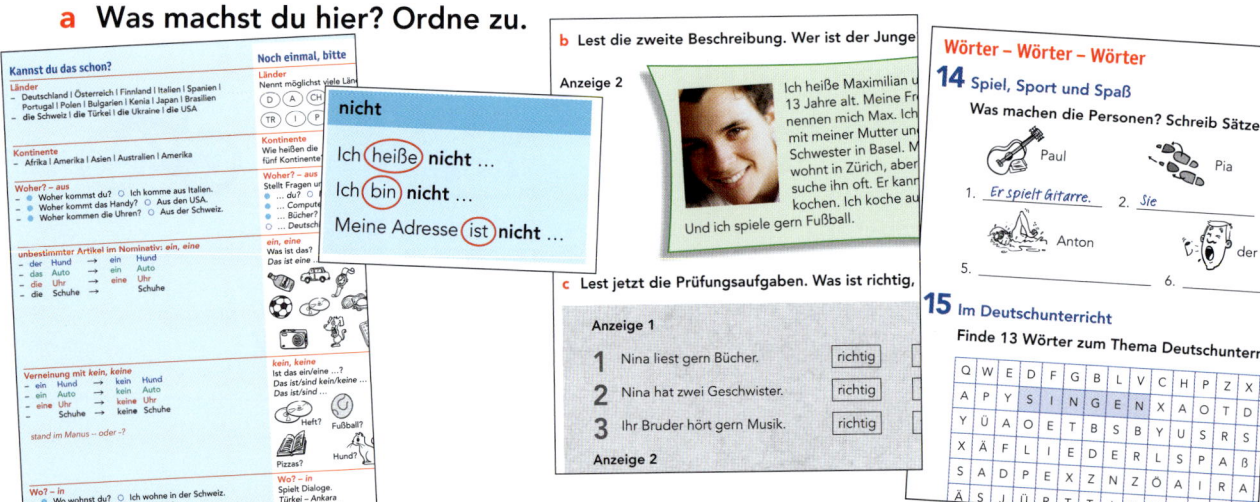

Ich …

A wiederhole.

B singe Lieder.

C schreibe Sätze.

Ich …

A spreche.

B lerne Wörter.

C lerne Grammatik.

Ich …

A koche.

B lerne für die Prüfung.

C surfe im Internet.

Ich …

A spiele Dialoge.

B übe Wörter.

C höre Gespräche.

Du bist dran.

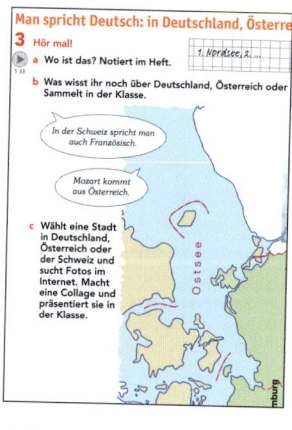

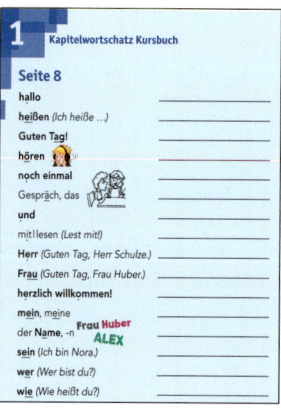

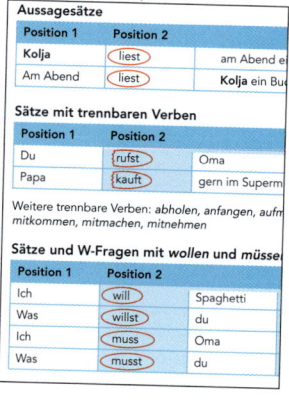

Ich …

A singe Lieder.

B lese Texte.

C mache ein Spiel.

Ich …

A lerne etwas über D-A-CH.

B lerne Englisch.

C lese Bücher.

Ich …

A lese Texte.

B spiele Dialoge.

C lerne Wörter.

Ich …

A surfe im Internet.

B wiederhole die Grammatik.

C höre Lieder.

b Findest du die Bilder aus 1a in Logisch! neu? Im Kursbuch oder im Arbeitsbuch? Und auf welcher Seite?

	1	2	3	4	5	6	7	8
Kursbuch	X							
Arbeitsbuch								
Seite	23							

Ganz hinten im Arbeitsbuch sind immer die Wörter. Du musst sie lernen!

2 Grammatik: Artikel mit Farben lernen

Film

a Ordne die Wörter den Bildern zu. Ergänze dann den richtigen Artikel und male
die Bilder in der richtigen Artikelfarbe an.

Auto • Buch • Computer • Fahrrad • Flasche • Fußball • Gitarre • Handy • Mädchen •
Schokolade • Schuh • Schultasche • Stift • Uhr • ~~Hund~~

▇ = der   ▇ = das   ▇ = die

1. _____ 2. _____ 3. *der Hund* 4. _____ 5. _____

6. _____ 7. _____ 8. _____ 9. _____ 10. _____

11. _____ 12. _____ 13. _____ 14. _____ 15. _____

b Deck 2a zu und schreib den richtigen Artikel. Wie viele Artikel hast du richtig?

1. ___ Auto   6. ___ Fußball   11. ___ Schokolade
2. ___ Buch   7. ___ Gitarre   12. ___ Schuh
3. ___ Computer 8. ___ Handy   13. ___ Schultasche
4. ___ Fahrrad   9. ___ Hund   14. ___ Stift
5. ___ Flasche   10. ___ Mädchen   15. ___ Uhr   ____/15

Der Hund.

c Sucht zu zweit sechs weitere bekannte Wörter mit Artikel aus der Wortliste.
Schreibt sie auf und malt sie in den Artikelfarben an. Fragt euch nach dem Artikel –
natürlich ohne Buch.

_____   _____   _____

_____   _____   _____

*Die Artikel sind
sehr wichtig. Mit Farben kannst
du sie dir gut merken!*

5 Um sieben Uhr ...

1 Nadjas Tag

Was passt zusammen? Verbinde die Tageszeiten und die Uhrzeiten.

am Morgen   9.00 – 12.00
am Vormittag   18.00 – 22.00
am Mittag   6.00 – 9.00
am Nachmittag   12.00 – 14.00
am Abend   14.00 – 18.00

2 Wie spät ist es?

Schreib die Uhrzeit.

1. Es ist halb acht.   *7.30*   5. Es ist zwölf Uhr.   _____

2. Es ist zehn nach acht. _____   6. Es ist halb eins.   _____

3. Es ist fünf vor zehn.   _____   7. Es ist Viertel nach zwei. _____

4. Es ist Viertel vor elf.   _____   8. Es ist zwanzig vor vier. _____

3 Timos Tag

Schreib die Sätze anders. Beginne mit der Uhrzeit.

1. Timo steht um sieben Uhr auf.

   Um sieben Uhr steht Timo auf. _____

2. Timo hat um acht Uhr Unterricht.

   _____

3. Er kocht um halb zwei Spaghetti.

   _____

4. Timo macht um Viertel vor drei Hausaufgaben.

   _____

4 Ein Horrortag?!

a Was passt zusammen? Schreib die Verben.

(kaufen) (auf) (ein) (mit) (holen) (stehen) (an) (nehmen) (rufen) (ab)

*aufstehen,*_____

b Hier stimmt was nicht! Schreib die Sätze neu.

1. Nadja aufsteht um 7 Uhr.   3. Sie kauft ein im Supermarkt.

   *Nadja steht um 7 Uhr auf.*_____   _____

2. Sie holt Jannik ab um 15.15 Uhr.   4. Am Abend anruft sie Oma.

   _____   _____

c Bilde Sätze.

1. Um 18 Uhr / ich / Oma / abholen Um 18 Uhr *hole ich Oma ab.*
2. Robbie / Kolja / um 16 Uhr / anrufen Robbie _____
3. Timo / um 7.30 Uhr / frühstücken Timo _____
4. Am Mittag / im Supermarkt / Pia / einkaufen Am Mittag _____
5. Timo / um 22 Uhr / schlafen Timo _____
6. Nadja / am Nachmittag / Fußball spielen Nadja _____

5 Was erzählt Pia?

a Zeitangaben: Ordne zu.

~~zuerst~~ • am Morgen • danach • um ein Uhr • am Mittag • dann • am Abend • um halb drei

Uhrzeit	Tageszeit	Reihenfolge
		zuerst,

b Was macht Timo zuerst? Was macht er dann?

1. Zuerst *steht Timo auf* , dann *duscht er.*

2. Zuerst _____, dann _____.

3. _____ _____.

6 Und was macht ihr am Nachmittag?

Schreib einen Text. Der Kasten hilft. Wer ist das?

> um 10 Uhr aufstehen • nicht in die Schule gehen • am Mittag schlafen •
> am Nachmittag mit Pia einkaufen • dann mit Pia spielen • danach schlafen

Um 10 Uhr stehe ich auf. Ich _____

_____

_____

Ich bin _____ .

7 Wo ist der Akzent?

a Trennbar oder nicht? Ordne zu. Schreib die Tabelle ins Heft.

> anrufen • abholen • telefonieren • erzählen • vergessen • einkaufen • wiederholen •
> aufstehen • verstehen • mitnehmen

trennbar	nicht trennbar
anrufen – ich rufe an	

b Kontrolliere Aufgabe 7a. Hör die Verben und achte auf die Betonung.

1.20

8 Interviews in der Klasse: Mein Tag

Was machen Nadja und Paul? Schreib Fragen und Antworten zu den Bildern.

1. ● Nadja, wann frühstückst du?

   ○ Um *sieben Uhr.* _____

3. ● Paul, was machst du um 18 Uhr?

   ○ Ich _____ .

2. ● Und wann _____ , Nadja?

   ○ Um _____ .

4. ● Was _____ , Paul?

   ○ Ich _____ .

9 Die Minute zählt.

a Schreib die offizielle Uhrzeit. Notiere dann: Wie spricht man die Uhrzeit inoffiziell?

1. ☀ Es ist 7:15 Uhr.
   Es ist Viertel nach sieben.

2. ☾ Es ist 22:45 Uhr.
   Es ist Viertel ...

3. ☾ _____
   _____

4. ☀ _____
   _____

5. ☀ _____
   _____

6. ☾ _____
   _____

b Was hörst du? Kreuze an.

1.21

1. ☒ 7.20 Uhr
   ☐ 17.20 Uhr

2. ☐ 7.45 Uhr
   ☐ 8.15 Uhr

3. ☐ 10.05 Uhr
   ☐ 16.50 Uhr

4. ☐ 5.10 Uhr
   ☐ 15.00 Uhr

5. ☐ 8.45 Uhr
   ☐ 14.09 Uhr

6. ☐ 11.30 Uhr
   ☐ 13.30 Uhr

10 Ein wunderbarer Tag

a Das macht Kolja an einem wunderbaren Tag. Ergänze die Buchstaben.

1. Hamburger e _ss_ en
2. Fahrrad f____ren
3. Fußball sp____len
4. schwi____en
5. um 11 Uhr aufst____en
6. mit Robbie telefon____ren
7. etwas erz____len
8. tanzen g____en
9. Schokolade frühst____en

b Was machst du nicht an einem wunderbaren Tag?

1. um 6 Uhr aufstehen   Ich stehe nicht um 6 Uhr auf. _____

2. in die Schule gehen   _____

3. Englisch lernen   _____

4. im Supermarkt einkaufen   _____

5. Klavier üben   _____

6. _____   _____

7. _____   _____

P **c** Ein normaler Tag. Lies die Beschreibungen und die Aussagen 1 bis 6.
Sind die Aussagen richtig oder falsch?

Beschreibung 1
Ich heiße Sonja Stellfeld und mache jeden Tag
Sport. Zuerst fahre ich zwei Stunden Fahrrad,
dann spiele ich zwei Stunden Tennis. Am
Nachmittag spiele ich noch einmal zwei
Stunden Tennis. Nach dem Abendessen
schwimme ich eine Stunde. Und ich esse keine
Pizza und keine Schokolade!

Beschreibung 2
Ich heiße Kai Hübner. Ich gehe am Vormittag
in die Schule. Wir lernen die Zahlen und
machen viele Aufgaben. Viele Schüler sagen,
mein Unterricht ist schwer. Aber das ist nicht
so – jeder kann das verstehen! Am Mittag
gehe ich nach Hause, dann lese ich die
Hausaufgaben der Schüler.

	richtig	falsch
0. Sonja macht nicht gern Sport.	☐	☒
1. Nach dem Mittagessen spielt Sonja Tennis.	☐	☐
2. Sonja kann nicht gut schwimmen.	☐	☐
3. Sonja mag Pizza, aber keine Schokolade.	☐	☐
4. Herr Hübner unterrichtet Mathematik.	☐	☐
5. Am Nachmittag ist kein Unterricht.	☐	☐
6. Die Schüler haben keine Hausaufgaben.	☐	☐

11 Traumtag oder Horrortag?

Ein Horrortag für Kolja! Ergänze die Verben in den Klammern.

Morgen ist keine Schule – aber es ist ein Horrortag! Ich ___stehe___ um 7 Uhr ___auf___ (aufstehen; 1)!

Danach _____ ich für das Frühstück _____ (einkaufen; 2). Um 10 Uhr _____ wir

Tante Gitti _____ (abholen; 3): Sie _____ _____ (Geburtstag haben; 4)!

Wir _____ auch Oma _____ (mitnehmen; 5). Am Mittag _____ wir _____

(Spaghetti kochen; 6). Danach _____ ich für Tante Gitti und Oma _____

(Klavier spielen; 7). Am Abend _____ ich mit Mama _____ (Hausaufgaben

machen; 8). Ich schlafe um 21 Uhr. Das ist ein Horrortag, oder?

Wörter – Wörter – Wörter

12 Wie ist dein Tag?

Was machst du wann? Ordne die Verben. Schreib deinen Tagesablauf ins Heft.

Unterricht haben • schlafen • frühstücken • ~~aufstehen~~ •
nach Hause kommen • Abendessen machen • spielen •
Hausaufgaben machen • Mittagessen kochen •
in die Schule gehen

aufstehen, ...

Ich stehe um ...

13 Rund um die Uhr

Ergänze die Sätze.

1. _Wann_ gehst du mit Tanja schwimmen? – Um 14 Uhr.

2. Ich habe keine Uhr. Wie _____?

3. Es ist 16.20 Uhr, zwanzig _____ vier.

4. _____ 10.15 Uhr habe ich Deutschunterricht.

5. _____ stehst du auf? – Um 7 Uhr.

6. Wann kommt Papa nach Hause? – _____ Abend, um sieben Uhr.

14 Tätigkeiten

Was passt zusammen? Schreib viele Verbindungen in dein Heft.

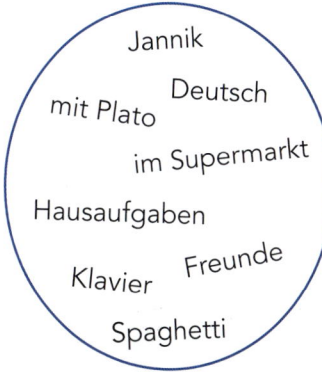

Jannik spielt.

15 Meine Wörter

Welche Wörter sind für dich wichtig? Schreib fünf Wörter auf.

6 Mein Lieblingsfach ist ...

1 Der Wochentage-Rap

Was macht Pia wann? Ergänze die Lücken im Text.

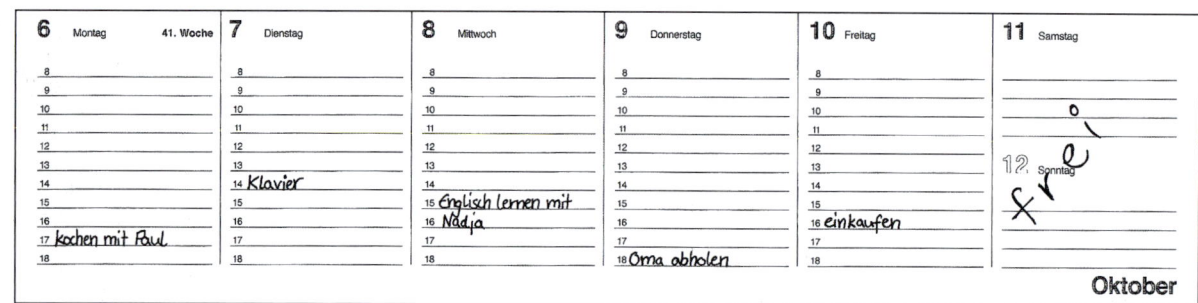

Am <u>Montag</u> kocht Pia mit Paul (1). Am _____ hat sie frei (2).

Am Donnerstag _____ sie Oma _____ (3). Am Dienstag

_____ sie _____ (4). Am _____ lernt sie mit

Nadja Englisch (5). Am _____ geht sie im Supermarkt einkaufen (6).

2 Die Wochentage

 Was heißt die Abkürzung? Schreib die Wochentage auch in deiner Sprache.

deine Sprache: deine Sprache:

Mo = <u>Montag</u> _____   Fr = _____ _____

Mi = _____ _____   Sa = _____ _____

Di = _____ _____   Do = _____ _____

So = _____ _____

3 Der Stundenplan von Klasse 7b

▶ **a Wie ist Tinas Stundenplan? Was ist richtig?**

1.22

 [A] Tina sagt: Der Stundenplan ist gut. Tina hat nicht so viel Englisch und Deutsch.

 [B] Tina sagt: Der Stundenplan ist nicht gut. Tina hat sehr viel Englisch, Mathe und Deutsch.

 b Hör das Gespräch noch einmal und kreuze an: richtig oder falsch?

0. Tina hat am Dienstag kein Englisch. | richtig | fal**X**ch |

1. Sie lernt auch Deutsch. | richtig | falsch |

2. Am Donnerstag hat sie Mathematik. | richtig | falsch |

3. Am Dienstagnachmittag hat sie Informatik. | richtig | falsch |

4. Sie hat Kunst. | richtig | falsch |

5. Am Mittwoch hat sie Sport. | richtig | falsch |

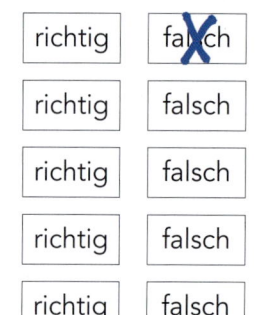

4 Unsere Schulfächer

a Die Formen von *haben*. Was passt zusammen? Schreib in dein Heft.

> ~~ich~~ • du • er/es/sie • wir • ihr • sie/Sie   hast • haben • habt • ~~habe~~ • haben • hat

ich habe

b Lies die E-Mail von Pia an Nilgün. Ergänze die Formen von *haben*.

Hallo Nilgün,

wie ist die Schule? Wie ist dein Stundenplan? Ich gehe von Montag bis Freitag jeden Tag in die Schule. Wir *haben* _____ (1) von 8 Uhr bis 13 Uhr Unterricht. Welche Fächer _____ (2) ihr? Wir _____ (3) Mathe und Physik, Biologie, Geschichte, Deutsch und Englisch.

_____ (4) du auch Englisch oder nur Deutsch? Ich _____ (5) auch Religion, aber andere Kinder _____ (6) Ethik. Am Donnerstag _____ (7) wir am Nachmittag noch Sport, aber am Wochenende _____ (8) ich frei! Wann _____ (9) du frei?

Bis bald!

Pia

5 Mathe ist doof!

a Sortiere die Adjektive.

> ~~interessant~~ • ~~langweilig~~ • leicht • blöd • schön • super • wichtig • doof • cool • nett • richtig • falsch • schwer

☺: *interessant* _____   ☹: *langweilig* _____

_____   _____

b Hör das Gespräch. Was sagen Robbie und Nadja? Ergänze die passende Form von *sein* und das Adjektiv.

1. Nadja: Französisch *ist schwer* _____.   5. Robbie: Mathe _____ und _____.

2. Robbie: Deutsch _____.   6. Nadja: Chemie und Biologie _____

3. Robbie: Frau Müller _____.   _____!

4. Nadja: Mathe _____.   7. Robbie: Musik und Sport _____!

P c Antworte auf die E-Mail von Pia in 4b.

Schreib circa 30 Wörter. Antworte auf die Fragen:
• Wie ist die Schule? • Welche Fächer habt ihr? • Wann hast du frei?

6 Fächer-Hitliste

Suche elf Fächer im Buchstabenrätsel und schreib sie in die richtige Zeile.

B	M	A	T	H	E	X	A	P	C
I	N	D	E	U	T	S	C	H	H
O	B	A	N	V	H	P	T	Y	E
L	K	L	N	S	I	O	H	S	M
O	M	U	S	I	K	R	O	I	I
G	D	K	U	N	S	T	M	K	E
I	O	E	N	G	L	I	S	C	H
E	G	E	O	G	R	A	F	I	E

B_____

Ch_____

S_____

En_____

D_____

E_____

G_____

K_____

M*athe*

M_____

Ph_____

7 Schule am Nachmittag

a AG und Aktivität: Was passt wo?

~~Mathe lernen~~ • Tennis spielen • Spaghetti kochen • singen • im Internet surfen • tanzen •
essen • laufen • Computer spielen • Theater spielen • Volleyball spielen • Pizza machen

Informatik-AG	Sport-AG	Musiktheater-AG	Koch-AG
Mathe lernen			

b Phonetik-AG: Schreib einen Text für die AG in dein Heft. Die Wörter im Kasten und die Texte in Aufgabe 7 im Kursbuch helfen.

hören • im Filmraum • laut lesen • singen • im Rhythmus sprechen • Mittwoch •
um 15 Uhr • mit Musiklehrerin Frau König

c Dein Nachmittag: Was machst du? Was machst du nicht?

Ich gehe in die _____-AG: Ich _____

_____

Ich gehe nicht in die _____-AG: Ich _____

_____

8 Ich treffe gern Freunde.

Wer macht was gern oder nicht gern?

1. Klavier üben ☺: Ich _übe gern Klavier._

2. Hausaufgaben machen ☹: Robbie _macht nicht gern Hausaufgaben._

3. in die Schule gehen ☺: Pia _____

4. schwimmen ☺: Nadja _____

5. Schokolade essen ☹: Pia und Paul _____

6. Fußball spielen ☺: Robbie _____

7. Was machst du gern? Ich _____

8. Und was machst du nicht gern? Ich _____

9 Siehst du gern Filme?

Ergänze die Tabelle.

	essen	treffen	lesen	sehen	laufen	fahren
ich	esse			sehe		fahre
du	isst		liest			
er/es/sie		trifft		sieht	läuft	
wir			lesen	sehen		
ihr	esst		lest	seht	lauft	fahrt
sie/Sie		treffen		sehen	laufen	fahren

10 Nadja und Robbie

a Was passt zusammen? Verbinde.

gesund ———— haben
in die Koch-AG ———— essen
eine Nachricht   treffen
Zeit   gehen
Robbie   lesen

b Ergänze die Verben aus Übung 9 in der richtigen Form.

1. Robbie _isst_____ gern Hamburger, Nadja _____ gern gesund.

2. Am Wochenende _____ wir oft Freunde und _____Videos.

3. Pia _____ Fahrrad und Plato _____, so gehen sie spazieren.

4. Am Abend _____ wir immer zusammen: Papa kocht!

5. Oma _____ keine Bücher, sie _____ nicht gut.

6. Ich gehe in die Sport-AG und _____ zweimal pro Woche.

7. _____ du gern Fahrrad?

8. Wo _____ ihr Tina und Tom? In der Sport-AG?

6

11 Lange und kurze Vokale

Hör zu und ergänze. Hör noch einmal zur Kontrolle.

1.24

1. Meine L*ie*blingsfächer s___nd Chem___, Phys___k, Biolog___ und Mathemat___k.

2. Unser L____rer für R___ligion heißt H____ Kunze. Er g_____t g___rn ____en.

3. R_____ie h___lt ___ma ab. Sie k_____t mit nach Polen, ich nicht. Das ist d___f!

4. Die M___sik im S___permarkt ist s___per!

5. S_____e ___m sieben _____r ist ges___nd.

6. W_____ f___ren wir F___rrad? Am ___bend!

12 Unsere Schule – eure Schule

Ergänze die Tabelle. Schreib die Tabelle auch in deiner Sprache.

	ich	du	wir	ihr
der Lehrer	*mein* ____ Lehrer	_____ Lehrer	_____ Lehrer	_____ Lehrer
das Buch	_____ Buch	_____ Buch	*unser* Buch	_____ Buch
die Schule	_____ Schule	_____ Schule	_____ Schule	*eure* Schule
die Fächer	_____ Fächer	*deine* Fächer	_____ Fächer	_____ Fächer

deine Sprache:

_____ _____ _____ _____ _____

_____ _____ _____ _____ _____

_____ _____ _____ _____ _____

_____ _____ _____ _____ _____

13 Projekt: Unsere Schule vorstellen

Unsere Schule ist doof! Und eure? Ergänze.

1. U*nsere* Matheaufgaben sind schwer. Sind eu*re* Matheaufgaben *leicht* ?

2. U_____ Mathelehrerin ist doof. Ist eu____ Mathelehrerin _____?

3. U_____ Hausaufgaben sind immer falsch. Sind eu_____ Hausaufgaben immer _____?

4. U_____ Sportplatz ist klein. Ist eu_____ Sportplatz _____?

5. U_____ AGs sind langweilig. Sind eu_____ AGs _____?

6. U_____ Klassenzimmer ist alt. Ist eu_____ Klassenzimmer _____?

Wörter – Wörter – Wörter

14 Zeitangaben

Tageszeit, Wochentag oder andere Zeitangaben? Ordne zu.

> ~~jeden Tag~~ • am Mittwoch • am Nachmittag • am Dienstag • heute • den ganzen Tag •
> am Morgen • am Wochenende • zweimal pro Woche • am Mittag • am Montag

Tageszeit	Wochentag	andere Zeitangaben
		jeden Tag

15 Wörter-Chaos

Welches Wort passt nicht? Streich durch.

1. Montag – Freitag – Dienstag – ~~Mittag~~
2. Deutsch – Mathematik – Französisch – Englisch
3. Lehrer – Akrobat – Clown – Zirkus
4. laufen – Fahrrad fahren – lesen – schwimmen
5. Klassenzimmer – Schüler – Schulkantine – Sportplatz

16 Rund um die Schule

Sammle im Kapitel Wörter zum Thema „Schule" und ordne sie zu.

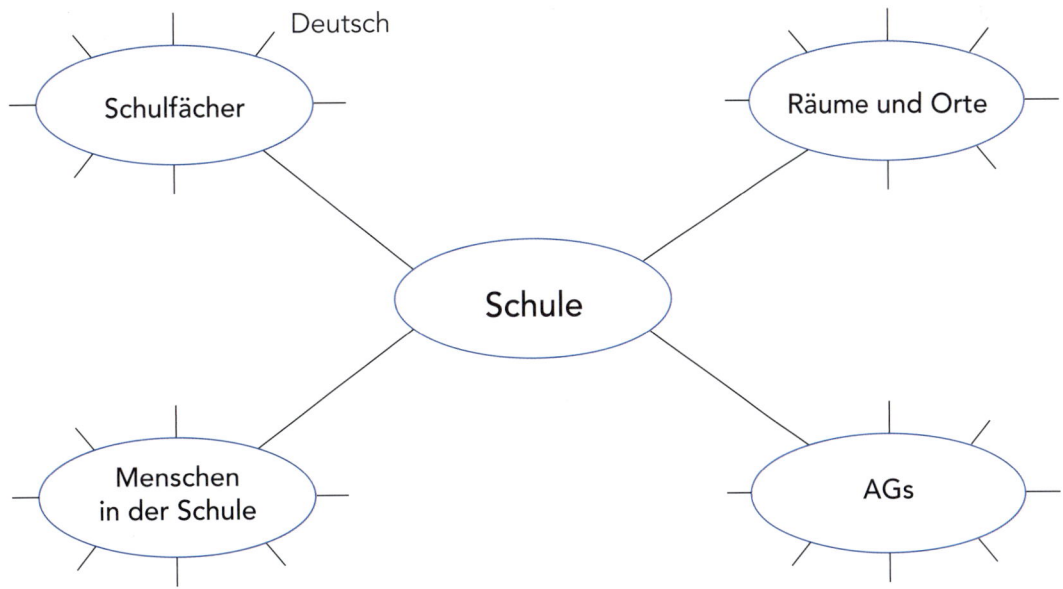

17 Meine Wörter

Welche Wörter sind für dich wichtig? Schreib fünf Wörter auf.

7 Kommst du mit?

1 Wer macht was?

(P) (▶) Du hörst fünf Schülerinnen und Schüler in einem Interview.
Kreuze die richtigen Antworten an (1 Person = 1 Antwort)

1.25 Was machst du nach der Schule?

	fernsehen	kochen	trainieren	Fahrrad fahren
Text 1	☐	☐	☐	☐
Text 2	☐	☐	☐	☐
Text 3	☐	☐	☐	☐
Text 4	☐	☐	☐	☐
Text 5	☐	☐	☐	☐

2 Ich muss Hausaufgaben machen.

Lies den Text. Muss oder will Miriam das machen? Kreuze an.

Miriam, 11 Jahre: Voll im Stress!
Am Montag gehe ich zum Tanzen. Das ist toll und
macht Spaß. Am Dienstag muss ich Sport machen.
Das ist wichtig, sagt der Arzt. Am Mittwoch und
Freitag gehe ich zum Gitarrenkurs. Das ist lang-
weilig. Aber meine Mutter sagt, das muss ich
machen. Am Wochenende habe ich Zeit. Meine
Mutter und ich kaufen ein und kochen zusammen.
Das ist echt schön. Aber meine Freunde kann ich
nur am Donnerstag treffen. Schade!

	müssen	wollen
tanzen	☐	☒
Sport machen	☐	☐
Gitarrenkurs	☐	☐
mit Mutter kochen	☐	☐
Freunde treffen	☐	☐

3 Ich muss? Ich will!

a *Müssen* oder *wollen*?

1. Der Opa von Paul ☒ muss ☐ will das Auto waschen, aber er hat keine Lust.

2. Robbie ☐ muss ☐ will mit Nadja ins Kino gehen, aber sie muss lernen.

3. Jannik will fernsehen, aber er ☐ muss ☐ will ins Bett gehen.

4. ☐ Musst ☐ Willst du mit ins Kino gehen? – Das geht leider nicht. Ich muss Gitarre üben.

5. ☐ Muss ☐ Will Nadja noch Hausaufgaben machen? – Ja, leider.

6. Ich ☐ muss ☐ will ins Schwimmbad gehen. Kommst du mit? – Das geht nicht.

   Ich ☐ muss ☐ will Jannik abholen.

b Ergänze die Tabelle. Übung 3a hilft dir.

	müssen	wollen
ich	_____	_____
du	musst	_____
er, sie	_____	_____
wir	müssen	wollen
ihr	müsst	wollt
sie	müssen	wollen

4 Er und sie – Was ist Liebe?

a Ordne die Sätze. Achte auf das Verb.

1. Jannik / fernsehen / wollen — *Jannik will fernsehen.*
2. müssen / Nadja / Flöte üben
3. mit Plato / spazieren gehen / Pia / müssen
4. Frau Müller / wollen / wandern
5. Fußball spielen / Kolja / wollen

b Schreib fünf Sätze in dein Heft. Wähle Wörter aus jedem Kasten. Die Tabelle in 3b hilft.

Ich Pia und Paul Wir Du Ihr Plato	kann/muss/will kannst/musst/willst können/müssen/wollen könnt/müsst/wollt	gut am Sonntag am Nachmittag nicht gern lange	das Zimmer aufräumen schlafen Deutsch lernen Gitarre spielen ins Kino gehen schwimmen

Du willst am Sonntag ins Kino gehen.

5 Kommst du mit?

a Hör das Gespräch. Was passt? Kreuze an.

1.26

1. ☐
   ● Donnerstag Zeit?
   ○ Ja.
   ● Schwimmen?
   ○ Keine Lust.
   ● Schade.

2. ☐
   ● Donnerstag Zeit?
   ○ Ja.
   ● Schwimmen?
   ○ Wann?
   ● 16 Uhr.
   ○ Super.

b Schreib das Gespräch in dein Heft. Hör dann das Gespräch noch einmal zur Kontrolle.

Hast Du am Donnerstag Zeit?

6 Verabredungen

a Ergänze das richtige Wort.

1. ● Willst du heute zu mir kommen?   ○ _Ja_, klar. Um wie viel Uhr?

2. ● Kommst du mit ins Kino?   ○ Nein, _____ Lust. Ich will fernsehen.

3. ● Hast du morgen Zeit?   ○ _____ nicht. Ich muss Mathe lernen.

4. ● Was machst du am Samstag um zwei?   ○ Ich weiß _____.

5. ● Spielen wir heute zusammen Tennis?   ○ Das _____ nicht, schade.

6. ● Willst du in die Disco gehen?   ○ Oh ja, _____! Wann?

> ja   nicht
> leider
> keine
> geht
> super

▶ **b Nadja und Robbie: Ordne das Gespräch. Hör dann zur Kontrolle.**
1.27

[1] Ich gehe heute Abend ins Kino.
Kommst du mit?

☐ Schade. Dann frage ich mal Pia. Sie hat Zeit.   ☐ Klar. Um wie viel Uhr?

☐ Um 18 Uhr. Ich komme zu dir. Ohne Pia.   ☐ Oh! Dann kommst du mit?

☐ Tut mir leid. Ich muss bei Jannik sein. Meine   ☐ Pia?? Ich spreche mit meinen Eltern. Dann
Eltern wollen ins Kino gehen.   müssen sie heute zu Hause fernsehen.

7 Ich habe leider keine Zeit.

Welches Verb ist richtig? Korrigiere.

1. Tennis ~~reparieren~~   _spielen_

2. Spaghetti surfen   _____

3. das Fahrrad besuchen   _____

4. das Zimmer kochen   _____

5. Englisch spielen   _____

6. im Internet üben   _____

7. Klavier aufräumen   _____

8. Opa lernen   _____

8 Kommst du morgen mit ins Kino?

Viele Freunde wollen mit Tom etwas machen. Was sagt er? Schreib Sätze.

1. ● Tom, ich gehe in die Disco. Kommst du mit?   ○ _Nein. Ich kann nicht tanzen._
(– / nicht tanzen können)

2. ● Tom, hast du am Mittwoch Zeit?   ○ _____
(– / lernen müssen)

3. ● Willst du mit ins Schwimmbad gehen?   ○ _____
(– / nicht schwimmen können)

9 Hobbys

a Was passt zu den Verben? Ergänze.

1. spielen: _Klavier spielen,_ _____

2. fahren: _____

3. gehen: _____

4. machen: _____

> ~~Klavier~~ • Fahrrad • ins
> Konzert • Hausaufgaben •
> Auto • Tennis • Motorrad •
> ins Theater • Fußball •
> ins Schwimmbad •
> Sport • Karten

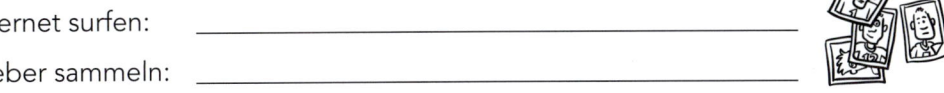

b Schreib Fragen. Antworte dann für dich.

1. reiten: *Reitest du? Ich* _____

2. Flugzeuge basteln: _____

3. viel fernsehen: _____

4. Fahrrad fahren: _____

5. im Internet surfen: _____

6. Aufkleber sammeln: _____

10 Die Hobby-Statistik

Ordne die Sätze. Achte auf das Verb.

1. Thorsten / sehr gut / Klavier spielen — *Thorsten spielt sehr gut Klavier.*
2. Robbie / Freunde besuchen / am Dienstag — *Am Dienstag* _____
3. gern / fernsehen / Mirta — *Mirta* _____
4. anrufen / Pia / Nadja / oft — *Pia* _____
5. wollen / Maria / morgen / reiten — *Morgen* _____
6. Paul / können / nicht / tanzen — *Paul* _____
7. müssen / Nadja / trainieren / viel — *Nadja* _____

11 Projekt: Hobbys bei uns im Ort

Welches Hobby macht man wo? Verbinde.

1. Schwimmbad
2. Musikschule
3. Kino
4. Sportverein
5. Park
6. Disco

A Musik hören, Leute treffen, Cola trinken, tanzen
B Filme sehen, Leute treffen, Popcorn essen
C Klavier spielen, Gitarre lernen, Konzerte hören
D schwimmen, Leute treffen, trainieren
E Handball spielen, Fußball spielen, Ballett lernen
F spazieren gehen, essen, Fußball spielen, Fahrrad fahren

12 Meine Hobbys

Robbies Steckbrief: Welche Informationen sind falsch? Streich durch und schreib richtig. Im Kursbuch in Kapitel 6 findest du in Aufgabe 10 Informationen.

Meine Hobbys sind ~~Kochen~~, Sport und Freunde treffen. Ich spiele in einer Band. Ich spiele Flöte. Wir üben oft zusammen. Ich habe eine Freundin. Sie heißt Mirta. Ich treffe sie jeden Mittwoch um zwei. Und am Freitag spiele ich Volleyball.

Meine Hobbys sind Musik, ...
_____
_____
_____
_____

13 Beeil dich!

a Was passt zusammen? Schreib A–E auch in deiner Sprache:

<u>deine Sprache:</u>

1. _C_ Ich will nicht allein trainieren.   A   Lern Englisch!   _____

2. ____ Opa will mit dir das Auto waschen.   B   Beeil dich!   _____

3. ____ Ich will Suppe kochen.   C   Komm bitte mit!   _____

4. ____ Wir sind schon fertig.   D   Ruf Opa an!   _____

5. ____ Englisch ist wichtig.   E   Kauf bitte ein!   _____

b Wer sagt das? Die Mutter oder das Kind? Ordne die Sätze in die Tabelle.

> Keine Lust! • Räum bitte dein Zimmer auf! • ~~Nee, das ist langweilig!~~ •
> Mach das Essen warm! • ~~Kauf bitte ein!~~ • Jetzt nicht! • Das geht nicht, ich muss erst …! •
> Mach deine Hausaufgaben! • Komm nicht zu spät nach Hause! • Das kann ich leider nicht! •
> Steh endlich auf! • Ja, einen Moment.

Mutter:

Kauf bitte ein! _____

_____

_____

_____

_____

Kinder:

Nee, das ist langweilig!

_____

_____

_____

_____

c Ergänze.

1. Paul, _räum_____ (aufräumen) bitte dein Zimmer __auf__ und _____ (einkaufen)!

2. _____ (waschen) schnell das Auto! Opa will wegfahren.

3. Ich komme heute später. _____ (machen) das Essen!

4. Was ist das? Paul, _____ (kommen) sofort!

5. Ich kann jetzt nicht, die Suppe kocht. _____ (gehen) bitte ans Telefon!

14 Ruf mich an, komm mit, …

a Schreib freundliche Aufforderungen mit _bitte_.

> „bitte" auf Position 1 ist immer richtig!

1. Jannik abholen + bitte   _Bitte hol Jannik ab! Hol bitte Jannik ab!_

2. losfahren + bitte   _____

3. mitkommen + bitte   _____

4. eine Nachricht schreiben + bitte   _____

5. Hausaufgaben machen + bitte   _____

b Hör zur Kontrolle. Sprich die Sätze nach.

Wörter – Wörter – Wörter

15 In der Freizeit

Welche Wörter passen wo? Schreib die Ausdrücke in dein Heft. Kennst du noch mehr Wörter?

Alpen • der Film • die Musik • basteln • das Auto • ~~Computerspiele machen~~ • wandern • reparieren • das Konzert • ~~der Chat~~ • der Computer • das Klavier • die Schuhe • fernsehen • das Pferd • üben • waschen • reiten

1.

3.

5.

1. Computerspiele
machen
der Chat
...

2.

4.

6.

16 Kommst du mit in die Disco?

Schreib die Tabelle in dein Heft. Ordne die Antworten dann in die Tabelle.

Tut mir leid, heute nicht. • Vielleicht. • Ja, toll! • ~~Nein, keine Zeit.~~ • Nein, ich habe keine Lust. • Ja, gern! Wann? • Klar, um wie viel Uhr? • Ich kann leider nicht kommen. • Oh ja, super! • Ich weiß nicht. • Das geht nicht, schade.

☺	☺	☹
		Nein, keine Zeit.

17 Wo sind sie?

Wo sind die Personen gerade? Ordne zu.

1. Mirta sieht einen Film.
2. Marius tanzt.
3. Alex macht Tee und Kakao.
4. Lena hört Musik von einer Band.
5. Michaela schwimmt.

A Er ist im Schulcafé.
B Sie ist im Konzert.
C Sie ist im Kino.
D Sie ist im Schwimmbad.
E Er ist in der Disco.

18 Meine Wörter

Welche Wörter sind für dich wichtig? Schreib fünf Wörter auf.

8 Ich spreche Deutsch

1 Unsere Sprachen

a Such die sieben Sprachen. Ergänze dann die Sätze.

M	T	D	E	U	T	S	C	H	D	E	R	S	C	H
U	D	S	C	H	Ü	I	S	C	H	B	U	C	E	H
T	U	M	R	A	R	U	S	S	I	S	C	H	N	O
F	W	F	I	L	K	H	O	H	N	I	K	A	G	T
T	E	D	C	H	I	N	E	S	I	S	C	H	L	I
P	O	L	N	I	S	C	H	R	A	S	G	E	I	S
Z	T	A	U	M	C	H	G	R	I	E	D	F	S	C
U	Z	S	C	H	H	U	O	P	I	G	U	U	C	H
M	U	I	S	H	S	U	A	H	E	L	I	A	H	U

1. _Türkisch_____ spricht man in der Türkei.

2. _____ spricht man in Deutschland, der Schweiz und Österreich.

3. _____ spricht man in Großbritannien, Australien und in den USA.

4. _____ spricht man in Kenia.

5. _____ spricht man in Russland.

6. _____ spricht man in China.

7. _____ spricht man in Polen.

b *Sprechen*: Ergänze die Tabelle.

ich		wir	sprechen
du	sprichst	ihr	sprecht
er/sie/es		sie	

c *Spreche, sprichst, spricht, sprecht* oder *sprechen*?

1. ● Ich spreche Englisch und Deutsch.
   Welche Sprachen _sprichst_ du?

   ○ Ich _____ Englisch und Spanisch.

2. ● Welche Sprachen _____ man in der Schweiz?

   ○ In der Schweiz _____ man Deutsch, Französisch, Italienisch und Rätoromanisch.

3. ● Frau Huber, _____ Sie Russisch?

   ○ Nein, ich _____ kein Russisch.

4. ● Wir kommen aus England.
   Wir _____ Englisch. Und ihr?
   _____ ihr auch Englisch?

   ○ Nein. Wir kommen aus Portugal und wir _____ Portugiesisch.

2 Meine Sprachen

a Hör noch einmal Giovanni und Lisa. Richtig oder falsch?

1.29

	richtig	falsch
1. Giovanni kommt aus Italien.	☐	☐
2. Giovanni spricht Italienisch.	☐	☐
3. Giovanni lernt in der Schule Deutsch und Englisch.	☐	☐
4. Lisas Muttersprache ist Deutsch.	☐	☐
5. Lisas Papa kommt aus Russland.	☐	☐
6. Lisa lernt in der Schule Englisch und Latein.	☐	☐

b Schreib einen Steckbrief für deine Sprache(n).

Ich komme aus _____ und ich wohne in _____.

Ich spreche _____ und ein bisschen Deutsch.

Meine Muttersprache ist _____. In der Schule lerne ich

_____ und _____.

3 Deshalb spricht er Deutsch.

a Was passt?

1. Peter kommt aus England, deshalb …

A Englisch er spricht.

X spricht er Englisch.

C er spricht Englisch.

2. Pia hat Geburtstag, deshalb …

A sie macht eine Party.

B eine Party macht sie.

C macht sie eine Party.

3. Mizuko hat eine Prüfung, deshalb …

A lernen sie viel muss.

B sie lernen muss viel.

C muss sie viel lernen.

4. Mein Fahrrad ist kaputt, deshalb …

A muss ich es reparieren.

B reparieren ich es muss.

C ich muss es reparieren.

b Mach aus zwei Sätzen einen neuen Satz mit *deshalb*. Achte auf die Reihenfolge im Satz. Schreib die Sätze auch in deiner Sprache.

1. Plato ist ein Hund. Er mag keinen Fisch.

   Plato ist ein Hund, deshalb mag er keinen Fisch. _____

   deine Sprache: _____

2. Sie muss viel üben. Mizuko hat eine Prüfung.

   _____

   deine Sprache: _____

3. Tom will in den Alpen wandern. Er braucht Schuhe.

   _____

   deine Sprache: _____

4 Abenteuer Schulweg

a Wie heißen die Verkehrsmittel? Ordne zu.

die U-Bahn • der Zug • das Auto • das Fahrrad • zu Fuß

1. _der Zug_
→ viele Personen fahren zusammen
→ man fährt sehr schnell

3. _____
→ 1–5 Personen fahren zusammen

5. _____
→ man fährt nicht
→ das dauert lange

2. _____
→ nur eine Person fährt
→ man macht Sport

4. _____
→ viele Personen fahren zusammen
→ sie fährt in der Stadt

b Welche Verkehrsmittel kennst du noch?

_____

_____

c Markiere die Verkehrsmittel in der richtigen Farbe: der = blau, das = grün, die = rot, Plural = gelb. Schreib dann den richtigen Artikel im Dativ. Der Kasten hilft.

Dativ	
🔵	= dem
🟢	= dem
🟠	= der
🟡	= den

1. Kenan reitet mit _dem_ Pferd zur Schule.

2. Francesa fährt im Winter mit _____ Schlitten zur Schule.

3. Im Sommer fährt sie mit _____ Auto.

4. Hamid kann mit _____ U-Bahn zur Schule fahren.

5. Konstantin fährt mit _____ Fahrrad zur Schule.

6. Mariam fährt mit _____ Bussen 34 und 38 zur Schule.

7. In Hamburg kann man auch mit _____ Schiff zur Schule fahren.

8. Joyces Schulweg ist kurz. Sie kann zu Fuß gehen oder mit _____ Skateboard fahren.

▶ 1.30 d Wie lange dauert das? Hör zu und schreib auf. Ordne dann von 1 (= lange) bis 5 (= nicht lange).

☐ Mit dem Zug von Hamburg nach München (800 km): Das dauert ungefähr _6 Stunden_.

☐ Mit dem Flugzeug von Vancouver (Kanada) nach Istanbul (Türkei): Das dauert ungefähr _____.

☐ Mit dem Fahrrad um die ganze Welt: Das dauert ungefähr _____.

☑ 1 Zu Fuß um die ganze Welt: Das dauert ungefähr _____.

☐ Mit dem Flugzeug von Paris (Frankreich) nach London (England): Das dauert ungefähr _____.

5 Auf dem Weg zur Schule

a Pia oder Robbie?
Markiere die unterstrichenen
Wörter in der richtigen Farbe:
der = blau, das = grün,
die = rot, Plural = gelb.
Kreuze dann an.

1. Robbie ist Musiker und das ist ☐ sein ☐ seine <u>CD</u>.

2. Pia mag Paul. Deshalb ist das ☐ ihr ☐ ihre <u>Freund</u>.

3. Die Katze ist von Pia. Deshalb ist das ☐ ihr ☐ ihre <u>Katze</u>.

4. Robbie läuft am Freitag. Das sind ☐ sein ☐ seine <u>Schuhe</u>.

5. Der Stift ist von Pia. Das ist ☐ ihr ☐ ihre <u>Stift</u>.

6. Und der Brief? Der Brief ist von Robbie. Das ist ☐ sein ☐ seine <u>Brief</u>.

sein und *ihr*
🟠 + -e
🟡 + -e

b Schreib wie im Beispiel.

1. Das ist das Fahrrad von Resa.   *Das ist ihr Fahrrad.* _____

2. Das ist der Schlitten von Francesca. _____

3. Das ist das Auto von Marc. _____

4. Das ist die Lehrerin von Max. _____

5. Das sind die Schuhe von Paul. _____

6. Das ist der Hund von Grace. _____

c Wie ist das in deiner Sprache? Übersetze. Was ist anders als im Deutschen?

1. Das ist Max. Das ist seine Oma. _____

  Das ist Maria. Das ist ihre Oma. _____

2. Das ist Max. Das ist sein Opa. _____

  Das ist Maria. Das ist ihr Opa. _____

6 Mit Punkten oder ohne?

1.31

Hör zu und ergänze die fehlenden Wörter. Lies die Sätze dann laut.

1. Du liest in der <u>Schule</u> ein _____ und machst _____.

2. Ich _____ Französisch in _____.

3. Die _____ müssen für die _____ in Türkisch _____.

4. Wo ist das _____ mit der _____ aus _____?

5. Am Donnerstag _____ wir in die ____ _____ gehen, das ist _____!

6. Der _____ von Frau Müller _____ nur im _____.

7 Ein E-Mail-Austausch im Deutsch-Unterricht

a Schreib einen Steckbrief
für dich in dein Heft.

Name:	Schule:
Wohnort:	Lieblingsfach:
Alter:	Hobbys:
Klasse:	Sprachen:

(P) b Lies noch einmal Marias E-Mail im Kursbuch (Aufgabe 7a) und schreib eine
Antwort an Maria. Schreib circa 30 Wörter. Antworte auf ihre Fragen. 7a hilft.

Liebe Maria,

vielen Dank für deine E-Mail. Ich heiße _____ und ich komme aus _____.
Ich bin _____

_____

_____

_____

_____

_____

_____

c Auch Eric will Maria schreiben. Er braucht Hilfe. Schreib seine Sätze richtig.

Hallo Maria,
Ich heißen Eric und ich komme in Bari.
Das ist in Italien.
Ich bin 12 Jahre alt und Italien ist mein (!) Muttersprache.
In die Schule ich lerne Englisch und Deutsch. englisch
ist mein Lieblingsfach. Deutsch ist ein bisschen shwer.
Meine Hobbys ist Reiten und hören Musik.

Schreib mir bald!

Viele Grüße
Eric

_____

_____

_____

_____

_____

_____

_____

8 Projekt: Austausch-Klasse gesucht

Dein Traum-E-Mail-Partner: Wie soll er sein? Fülle den Fragebogen aus.

1. Woher kommt dein E-Mail-Partner?

_____ oder_____

2. Wie alt ist er/sie? _____ Jahre

3. ☐ Mädchen ☐ Junge

4. Welche Sprachen spricht er/sie? _____

_____

_____

5. Welche Themen sind interessant?

☐ Familie ☐ Hobbys ☐ Musik

☐ Schule ☐ Freizeit ☐ Bücher, Filme

☐ Sprachen ☐ _____

Wörter – Wörter – Wörter

9 Länder und Sprachen

Schreib das richtige Land oder die richtige Sprache.

	Land	Sprache
1.	Frankreich	*Französisch*
2.		Türkisch
3.	Italien	
4.		Englisch
5.	Deutschland, Österreich, die Schweiz	
6.	Spanien	
7.		Polnisch
8.	Russland	

10 Verkehrsmittel

Wie kann man in die Schule und nach Hause kommen? Schreib unter das Bild.

1. *mit dem Auto*

3. _____

5. _____

2. _____

4. _____

6. _____

11 Wörterschlange

Erkennst du die Wörter? Schreib sie mit Artikel in dein Heft.

SCHWESTER/QUIZMASCHINEKONZERTCOMPUTERSPIELPRÜFUNGSCHNEE

die Schwester

12 Meine Wörter

Welche Wörter sind für dich wichtig? Schreib fünf Wörter auf.

_____

1 Wortschatz: Die Wortliste verstehen

a Lies die Wortliste und löse die Aufgaben.

1. Wie ist der Plural? Kreuze an.

a das Schwimmbad

☐ die Schwimmbäder

☐ die Schwimmbaden

☐ die Schwimmbäde

b das Zimmer

☐ die Zimmers

☐ die Zimmere

☐ die Zimmer

c das Gedicht

☐ die Gedichte

☐ die Gedichten

☐ die Gedichtes

2. Welche Verben sind trennbar? Kreuze an.

☐ besuchen

☐ fernsehen

☐ aufräumen

☐ weiterschreiben

☐ anfangen

3. Wo ist der Wortakzent? Unterstreiche.
a waschen
b trainieren
c fernsehen
d Konzert
e Tennis

4. Spricht man den Vokal lang oder kurz? Kreuze an.

	lang	kurz
a waschen	☐	☐
b trainieren	☐	☐
c fernsehen	☐	☐
d Disco	☐	☐
e schade	☐	☐

b Mach einen Test für deinen Partner / deine Partnerin: Schreib die Übungen 1 bis 4 aus 1a neu. Arbeite mit Wörtern aus der Wortliste aus Kapitel 8. Tauscht dann eure Testfragen und löst die Aufgaben.

Das Verb ist trennbar.

Sieh genau hin. Die Wortliste gibt dir viele Informationen. Hier steht der Plural.

Der Strich oder Punkt zeigt den Wortakzent. Der Strich heißt: Der Vokal ist lang. Der Punkt heißt: Der Vokal ist kurz.

Im Arbeitsbuch gibt es eine Liste mit unregelmäßigen Verben. Findest du sie?

Seite 45

die Geschichte, -n _____

(die Geschichte von Nadia)

der Hamburger, – _____

mit|kommen _____

nie (Du hast nie Zeit!) _____

lang ↔ kurz _____

Seite 46

klein _____

nett _____

der Sportplatz, -plätze _____

der Hausmeister, – _____

präsentieren _____

der Besuch, -e _____

(Besuch bekommen)

lecker (Das Essen ist lecker.) _____

Kapitel 7   Seite 48

waschen (Er wäscht das Auto.) _____

trainieren _____

die Alpen (Pl.) _____

wandern _____

das Kino, -s _____

fernsehen _____

wollen (Paul will fernsehen.) _____

Seite 49

das Schwimmbad, -bäder _____

die Lücke, -n _____

(Ergänzt die Lücken!)

ganz (den ganzen Tag) _____

das Zimmer, – _____

2 Wortschatz: Wortkärtchen machen

a Was steht auf den Kärtchen? Ordne zu.

~~das Wort auf Deutsch~~ • ein Bild • ein Satz mit dem Wort •
das Nomen im Plural • die Übersetzung

das Fahrrad, 🚲	*bicycle (bike),*
die Fahrräder	*bicycles*
Ich fahre mit dem	*I go to school by bicycle.*
Fahrrad in die Schule.	

das Wort auf Deutsch

b Schreib Wortkärtchen wie in den Beispielen zu sieben Wörtern aus Kapitel 8.
Schreib auf der Rückseite die Übersetzung in deiner Sprache.

ansehen, er sieht an 👀	*guardare, (lui) guarda*
Ich sehe einen Film an.	*Guardo un film.*

c Lerne die Wörter.

Lies das Wort und den Beispielsatz in deiner Sprache. ● Wie heißt das Wort
und der Satz auf Deutsch? ● Lies dann die Rückseite und kontrolliere.
● Lerne die Wörter, bis du alle auf Deutsch sagen kannst.

*Mit Wortkärtchen
kannst du sehr gut Wörter
lernen. Aber lerne nicht mehr
als 7 bis 10 Wörter am Tag.
Und: Zu zweit macht es
noch mehr Spaß!*

Kapitel 1   Seite 6

hallo _____

heißen *(Ich heiße …)* _____

Guten Tag! _____

hören _____

noch einmal _____

Gespräch, das _____

und _____

mit|lesen *(Lest mit!)* _____

Herr *(Guten Tag, Herr Schulze.)* _____

Frau *(Guten Tag, Frau Huber.)* _____

herzlich willkommen! _____

mein, meine _____

der **Name**, -n _____

sein *(Ich bin Nora.)* _____

wer *(Wer bist du?)* _____

wie *(Wie heißt du?)* _____

sprechen _____

der **Vorname**, -n _____

kennen _____

andere _____

deutsch _____

schreiben _____

an *(Schreibt an die Tafel.)* _____

die **Tafel**, -n _____

Seite 7

lesen _____

fragen _____

antworten _____

die **Klasse**, -n _____

üben _____

Entschuldigung _____

die **Deutschlehrerin**, -nen _____

bitte _____

der **Familienname**, -n _____

das *(Das ist mein Freund.)* _____

die **Freundin**, -nen _____

der **Freund**, -e _____

Seite 8

Wie bitte? _____

passen _____

das **Bild**, -er _____

Aua! _____

denn *(Wer ist denn das?)* _____

der **Hund**, -e _____

buchstabieren _____

man _____

das **Alphabet**, -e _____

auf *(Wie heißt Z auf Deutsch?)* _____

Deutsch *(Sg.)* _____

Seite 9

die **Zahl**, -en _____

von … bis _____

rufen *(er ruft)* _____

die **Telefonnummer**, -n _____

nein ↔ **ja** _____

genau *(Ja, genau!)* _____

an|rufen *(Sie ruft an.)* _____

Tschüs! _____

alt _____

das **Jahr**, -e _____

dann _____

die **Frage**, -n _____

Seite 10

der **Tag**, -e _____

an|sehen _____

das **Kind**, -er _____

Guten Morgen! _____

Auf Wiedersehen! _____

der Schatz (Hallo, mein Schatz.) _____

die Mama, -s ↔ der Papa, -s _____

Guten Abend! _____

Gute Nacht! _____

Kapitel 2   Seite 12

lernen _____

die **Schulsachen** (Pl.) _____

sagen _____

die Sache, -n _____

zu zweit (sprecht zu zweit) _____

der **Bleistift**, -e _____

die Brille, -n _____

das **Buch**, Bücher _____

die **CD**, -s _____

der **Computer**, – _____

das **Handy**, -s _____

das **Heft**, -e _____

der **Radiergummi**, -s _____

der **Rucksack**, Rucksäcke _____

das **Wort**, Wörter _____

zeigen _____

das **Foto**, -s _____

von (das Buch von Pia) _____

wem (Von wem ist …?) _____

glauben _____

Seite 13

typisch _____

Achtung! _____

wichtig _____

machen _____

die Tabelle, -n _____

die **Sprache**, -n _____

die **Lehrerin**, -nen _____

der **Schüler**, – _____

immer _____

spielen _____

zusammen _____

das Kärtchen, – _____

mischen _____

ziehen _____

Seite 14

nett finden _____

nicht _____

wissen (Ich weiß nicht.) _____

klar (Na klar!) _____

die Schultasche, -n _____

schwer _____

Englisch (Sg.) _____

haben _____

   (ich habe, du hast, er hat) _____

mögen _____

   (ich mag, du magst, er mag) _____

die **Musik** (Sg.) _____

die **Band**, -s _____

schon _____

laut (laut lesen) _____

Seite 15

was (Was ist das?) _____

die **Katze**, -n _____

der Schuh, -e _____

der Sportschuh, -e _____

cool _____

okay (o.k.) _____

Quatsch! _____

dran (Du bist dran.) _____

Seite 16

der Rap, -s _____

das **Beispiel**, -e _____

gehen _____

die **Schule**, -n _____

die **Stunde**, -n _____

der **Unterricht** (Sg.) _____

pro (pro Woche) _____

die **Woche**, -n _____

der **Lehrer**, – _____

die **Person**, -en _____

das **Poster**, – _____

Seite 17

möglichst _____

nennen _____

Kapitel 3   Seite 18

kommen (aus) _____

der **Kontinent**, -e _____

(**Afrika**, **Amerika**, **Asien**,

Australien, **Europa**) _____

das **Land**, Länder

(Australien, Brasilien, _____

Bulgarien, _____

Deutschland, _____

Finnland, Japan,

Italien, Kenia, _____

Österreich, Polen, _____

Portugal,

die **Schweiz**, _____

Spanien, die Türkei, _____

die Ukraine, die USA, …) _____

nach|sprechen _____

liegen (Japan liegt in Asien.) _____

sammeln _____

raten _____

Seite 19

woher (Woher kommst du?) _____

vor|lesen _____

die **Antwort**, -en _____

aus (aus der Türkei) _____

die **Uhr**, -en _____

die **Schokolade** (Sg.) _____

die **Sachertorte**, -en

Auto, das, -s _____

tauschen _____

alle _____

herumgehen _____

Seite 20

das **Quiz**, – _____

die **Gruppe**, -n _____

berühmt _____

die **Nummer**, -n _____

das **Fahrrad**, -räder _____

der **Fotoapparat**, -e _____

die **Schere**, -n _____

der **Fußball**, -bälle _____

der **Tennisball**, -bälle _____

die **Flasche**, -n _____

das **Glas**, Gläser _____

die **Pizza**, -s _____

der **Tennisschuh**, -e _____

der **Fußballschuh**, -e _____

sortieren _____

der **Gegenstand**, -stände _____

Seite 21

der **Flughafen**, -häfen _____

bedeuten _____

das **Schild**, -er _____

der **Satz**, Sätze _____

übrig (Ein Satz bleibt übrig.) _____

die **Tasche**, -n _____

drin sein (Da ist ein Ball drin!) _____

der **Stift**, -e _____

Seite 22

der **Chat**, -s _____

neu (Bist du neu hier?) _____

hier _____

richtig ↔ **falsch** _____

wohnen (in) _____

wo (Wo wohnst du?) _____

echt (Echt?!) _____

auch _____

die **Stadt**, Städte _____

die **Adresse**, -n _____

Kapitel 4   Seite 24

früher _____

heute _____

zu|ordnen _____

das **Alter** (Sg.) _____

die **Sektretärin**, -nen _____

der **Arzt**, Ärzte _____

die **Ärztin**, -nen _____

die **Sportlerin**, -nen _____

kontrollieren _____

die **Lösung**, -en _____

die **Information**, -en _____

der **Beruf**, -e _____

(Er ist Arzt von Beruf.) _____

Seite 25

der **Steckbrief**, -e _____

ergänzen _____

alles _____

nicht (Ich heiße nicht Kai.) _____

erfinden _____

Seite 26

die **Aktivität**, -en _____

die **Freizeit** (Sg.) _____

spielen (Fußball spielen) _____

singen _____

fahren (Fahrrad fahren) _____

surfen (im Internet surfen) _____

das **Internet** (Sg.) _____

kochen _____

die **Gitarre**, -n _____

tanzen _____

schwimmen _____

können (Ich kann singen.) _____

zu|hören _____

Seite 27

das Interview _____

verstehen _____

(Das verstehe ich nicht.) _____

verheiratet _____

beantworten _____

(Fragen beantworten) _____

entschuldigen _____

(Entschuldigen Sie bitte.) _____

gern (Ja, gern!) _____

danke _____

jeder, **jede** _____

der **Partner**, – _____

die **Partnerin**, -nen _____

das **Blatt**, Blätter _____

(auf ein Blatt schreiben) _____

Seite 28

die **Straße**, -n _____

der **Deutschunterricht** _____

rappen _____

geben _____

(Kannst du mir den Stift geben?) _____

der **Text**, -e _____

das **Lied**, Lieder _____

der **Spaß** (Sg.) _____

(Wir haben Spaß.)

lustig _____

das Klassenzimmer, – _____

wiederholen _____

die Hausaufgabe, -n _____

die Aufgabe, -n _____

das Plakat, -e _____

Kapitel 5   Seite 36

um ... Uhr _____

der Morgen, – _____

der Vormittag, -e _____

der Mittag, -e _____

der Nachmittag, -e _____

der Abend, -e _____

wann? _____

am (am Morgen) _____

machen (Hausaufgaben machen) _____

telefonieren _____

frühstücken _____

Spaghetti (Pl.) _____

Seite 37

spät _____

es (Wie spät ist es? Es ist ...) _____

nach (Es ist 20 nach 7.) _____

vor (Es ist 10 vor 8.) _____

Viertel vor/nach _____

halb (Es ist halb 8.) _____

die Uhrzeit, -en _____

zeichnen _____

unterschiedlich _____

klingeln _____

der Wecker, – _____

duschen _____

das Skateboard, -s _____

schlafen _____

notieren

Seite 38

die Nachricht, -en _____

die Mutter, Mütter _____

der Icon, -s _____

die Suppe, -n _____

das Klavier, -e _____

der Kindergarten, -gärten _____

ab|holen _____

der Supermarkt, -märkte _____

ein|kaufen _____

die Oma, -s _____

auf|stehen _____

stimmen (Das stimmt!) _____

erzählen _____

suchen (Sucht die Fehler!) _____

der Fehler, – _____

zuerst _____

danach _____

die Zeit (Sg.) (Pia hat keine Zeit.) _____

Seite 39

wählen (Wählt fünf Verben.) _____

der Akzent, -e _____

die Silbe, -n Nach }{ richt _____

die Karte, -en (Karten spielen) _____

die Tageszeit, -en _____

vor|stellen _____

(Stellt euren Partner vor.)

Seite 40

die Minute, -n _____

zählen (= wichtig sein) _____

der Kasten, Kästen _____

offiziell _____

inoffiziell _____

gleich _____

(Welche Uhrzeiten sind gleich?)

kontrollieren _____

wunderbar _____

die Party, -s _____

super _____

der Traumtag, -e _____

der Horrortag, -e _____

Kapitel 6   Seite 42

das Lieblingsfach, -fächer _____

der **Wochentag**, -e _____

Montag, Dienstag, _____

Mittwoch, Donnerstag, _____

Freitag, Samstag, Sonntag _____

mehrmals ↔ einmal _____

frei _____

müssen _____

   (Ich muss spazieren gehen.) _____

möcht- (Pia möchte Paul sehen.) _____

spazieren gehen _____

sehen _____

leider _____

aus|haben _____

früher → **früh** _____

   (Pia hat heute früher aus.) _____

schon wieder _____

raus (Ich muss raus!) _____

nach Hause _____

   (nach Hause kommen) _____

aus sein _____

nur _____

dabei sein (Ich bin nicht dabei.) _____

das **Wochenende**, -n _____

Seite 43

der Stundenplan, -pläne _____

das **Schulfach**, -fächer _____

(Biologie, Chemie, Deutsch, _____

Englisch, Ethik/Religion, _____

Französisch, Geografie, _____

Geschichte, Informatik, _____

Kunst, Latein, Musik, _____

Mathematik/„Mathe", _____

Physik, Sport) _____

übersetzen _____

doof _____

das **Fach**, Fächer _____

interessant _____

leicht _____

schön _____

langweilig _____

blöd _____

die Umfrage, -n _____

Seite 44

die AG (= Arbeitsgruppe) _____

finden _____

die Kamera _____

der Star, -s _____

jung _____

das Talent, -e _____

mit|machen _____

der Raum, Räume _____

gesund _____

essen (Du isst gern gesund?) _____

die Kantine, -n _____

der Zirkus, Zirkusse _____

sportlich _____

der Akrobat, -en _____

der Clown, -s _____

die Sporthalle, -n _____

die **Lust** (Sg.) _____

   (Hast du Lust auf Mathe?) _____

die Bewegung, -en _____

Kapitelwortschatz Kursbuch

Volleyball (Sg.) _____

laufen *(Paul läuft gern.)* _____

das Einrad, -räder _____

der Film, -e _____

treffen *(Ich treffe gern Freunde.)* _____

Seite 45

die Geschichte, -n _____

   (die Geschichte von Nadia)

der Hamburger, – _____

mit|kommen _____

nie *(Du hast nie Zeit!)* _____

lang ↔ kurz _____

Seite 46

klein _____

nett _____

der Sportplatz, -plätze _____

der Hausmeister, – _____

präsentieren _____

der Besuch, -e _____

   (Besuch bekommen)

lecker *(Das Essen ist lecker.)* _____

Kapitel 7   Seite 48

waschen *(Er wäscht das Auto.)* _____

trainieren _____

die Alpen (Pl.) _____

wandern _____

das Kino, -s _____

fern|sehen _____

wollen *(Paul will fernsehen.)* _____

Seite 49

das Schwimmbad, -bäder _____

die Lücke, -n _____

   (Ergänzt die Lücken!)

ganz *(den ganzen Tag)* _____

das Zimmer, – _____

auf|räumen _____

die Übung, -en _____

fertig *(Ich bin fertig!)* _____

die Liebe (Sg.) _____

das Gedicht, -e _____

weiterschreiben _____

das Eis, – _____

Seite 50

das Konzert, -e _____

an|fangen _____

   (Wann fängt das Konzert an?)

die Verabredung, -en _____

die Disco, -s _____

vielleicht _____

Das geht nicht! _____

schade _____

leid|tun *(Tut mir leid!)* _____

Tennis (Sg.) *(Tennis spielen)* _____

reparieren _____

herum|gehen _____

Seite 51

das Hobby, -s _____

die Pantomime, -n _____

reiten _____

besuchen _____

das Flugzeug, -e _____

basteln _____

das Computerspiel, -e _____

das Schulcafé, -s _____

der Aufkleber, – _____

die Statistik, -en _____

der Ort, -e _____

Handball (Sg.) _____

der Junge, -n _____

das Mädchen, -n _____

das Theater, – _____

der **Kakao** (Sg.) _____

der **Tee** (Sg.) _____

der Schokoladenkuchen, – _____

Seite 52

beeilen *(Beeil dich!)* _____

los|fahren _____

warm _____

sofort _____

notieren _____

der Notizzettel, – _____

auf|machen _____

das **Fenster**, – _____

freundlich _____

klingen *(Wie klingt das?)* _____

achten (auf) _____

 (Achtet auf die Melodie.)

Kapitel 8   Seite 54

International _____

das **Chinesisch** (Sg.) _____

das **Türkisch** (Sg.) _____

das **Italienisch** (Sg.) _____

das **Suaheli** (Sg.) _____

das **Polnisch** (Sg.) _____

das **Spanisch** (Sg.) _____

das **Portugiesisch** (Sg.) _____

das **Russisch** (Sg.) _____

Frankreich _____

Spanien _____

Russland _____

Seite 55

der **Jugendliche**, -n _____

die Muttersprache, -n _____

geboren _____

deshalb

Seite 56

das **Abenteuer**, – _____

der Schulweg, -e _____

die **Mongolei** _____

der Kanton, -e _____

der **Bus**, -se _____

der **Kilometer**, – _____

die **Minute**, -n _____

der Berg, -e _____

brauchen _____

 (Ich brauche nur acht Minuten.)

zumindest _____

der Schnee (Sg.) _____

wahnsinnig _____

schnell _____

der Rückweg, -e _____

der Schlitten, – _____

das **Pferd**, -e _____

die **U-Bahn**, -en _____

das **Schiff**, -e _____

der **Zug**, Züge _____

das Verkehrsmittel, – _____

ohne _____

der **Fuß**, Füße _____

zu Fuß *(Ich gehe zu Fuß.)* _____

dauern _____

 (Das dauert eine Stunde.)

Seite 57

das **Auge**, -n _____

der **Kopf**, Köpfe _____

bestimmt _____

der **Brief**, -e _____

der **Punkt**, -e _____

zeigen

Seite 58

der Austausch (Sg.) _____

das **Mal**, -e *(zum ersten Mal)* _____

gehen *(Wie geht es dir?)* _____

der Wohnort, -e _____

gesucht _____

   (Austausch-Klasse gesucht!)

wie *(Er ist so alt wie ich.)* _____

alle *(alle zwei Wochen)* _____

Thematische Wortgruppen

Zahlen

1	eins	13	dreizehn	50	fünfzig
2	zwei	14	vierzehn	60	sechzig
3	drei	15	fünfzehn	70	siebzig
4	vier	16	sechzehn	80	achtzig
5	fünf	17	siebzehn	90	neunzig
6	sechs	18	achtzehn	100	hundert
7	sieben	19	neunzehn	101	(ein)hunderteins
8	acht	20	zwanzig	200	zweihundert
9	neun	21	einundzwanzig	1000	(ein)tausend
10	zehn	22	zweiundzwanzig	2001	zweitausendeins
11	elf	30	dreißig	1 000 000	eine Million
12	zwölf	40	vierzig		

Monatsnamen

der Januar	der Mai	der September
der Februar	der Juni	der Oktober
der März	der Juli	der November
der April	der August	der Dezember

Jahreszeiten / Wochentage / Tageszeiten

Jahreszeiten	Wochentage	Tageszeiten
der Frühling	der Montag	der Morgen
der Sommer	der Dienstag	der Vormittag
der Herbst	der Mittwoch	der Mittag
der Winter	der Donnerstag	der Nachmittag
	der Freitag	der Abend
	der Samstag	die Nacht
	der Sonntag	

Zeitangaben / Uhrzeit / Maße und Gewichte

Zeitangaben	Uhrzeit	Maße und Gewichte
die Minute	… Uhr	m = der Meter
die Stunde	halb …	km = der Kilometer
der Tag	Viertel nach …	l = der Liter
die Woche	Viertel vor …	g = das Gramm
der Monat	um …	kg = das Kilogramm
das Jahr		

Länder

Brasilien	Italien	Russland
China	Japan	Schweden
Dänemark	Kanada	die Schweiz
Deutschland	Kenia	Spanien
England	die Mongolei	die Türkei
Finnland	Österreich	die Ukraine
Frankreich	Polen	die USA
Griechenland	Portugal	

Sprachen
Chinesisch
Deutsch
Englisch
Französisch
Griechisch
Italienisch
Japanisch
Polnisch
Portugiesisch
Russisch
Spanisch
Suhaeli
Türkisch

Städte
Athen
Barcelona
Berlin
Bern
Hamburg
Köln
Madrid
Moskau
Murten
New York
Rom
Salzburg
Vancouver
Wien
Zürich

Kontinente
Afrika
Amerika
Asien
Australien
Europa

Familie
der/die Verwandte
der Vater / der Papa
die Mutter / die Mama
die Eltern (Pl.)
das Kind
der Sohn
die Tochter
der Bruder
die Schwester
die Geschwister (Pl.)
der Onkel
die Tante
der Großvater / der Opa
die Großmutter / die Oma
die Großeltern (Pl.)

Farben
blau
braun
gelb
grau
grün
rot
schwarz
weiß

Schulfächer
Biologie (Bio)
Chemie
Deutsch
Englisch
Ethik
Geografie (Geo)
Informatik
Kunst
Latein
Mathematik (Mathe)
Musik
Physik
Religion (Reli)
Sport

Tiere
der Fisch
der Hamster
der Hund
die Katze
das Pferd
der Vogel

Berufe
der Arzt / die Ärztin
der Erzieher / die Erzieherin
der Hausmeister /
   die Hausmeisterin
der Lehrer / die Lehrerin
der Sänger / die Sängerin
der Sekretär / die Sekretärin
der Sportler / die Sportlerin

Unregelmäßige und trennbare Verben

abbiegen	er biegt ab	laufen	er läuft
abfahren	er fährt ab	leidtun	es tut leid
abholen	er holt ab	lesen	er liest
absagen	er sagt ab	losfahren	er fährt los
anfangen	er fängt an	mitbringen	er bringt mit
ankommen	er kommt an	mitkommen	er kommt mit
anrufen	er ruft an	mitlesen	er liest mit
ansehen	er sieht an	mitmachen	er macht mit
anziehen	er zieht an	mitnehmen	er nimmt mit
aufhängen	er hängt auf	möcht–	er möchte
aufmachen	er macht auf	mögen	er mag
aufpassen	er passt auf	müssen	er muss
aufräumen	er räumt auf	nachsprechen	er spricht nach
aufschreiben	er schreibt auf	nehmen	er nimmt
aufstehen	er steht auf	raten	er rät
aufwachen	er wacht auf	raus sein	er ist raus
aus sein	er ist aus	rausbringen	er bringt raus
aushaben	er hat aus	rausgehen	er geht raus
ausprobieren	er probiert aus	recht haben	er hat recht
aussteigen	er steigt aus	schlafen	er schläft
da sein	er ist da	sehen	er sieht
dabei sein	er ist dabei	sprechen	er spricht
draufkommen	er kommt drauf	tragen	er trägt
dürfen	er darf	treffen	er trifft
einkaufen	er kauft ein	umsteigen	er steigt um
einladen	er lädt ein	vergessen	er vergisst
einsteigen	er steigt ein	vorlesen	er liest vor
essen	er isst	vorspielen	er spielt vor
fahren	er fährt	waschen	er wäscht
fernsehen	er sieht fern	wegfahren	er fährt weg
freihaben	er hat frei	weggehen	er geht weg
fressen	er frisst	wehtun	er tut weh
geben	er gibt	weitermachen	er macht weiter
gefallen	er gefällt	werden	er wird
gernhaben	er hat gern	wissen	er weiß
haben	er hat	wollen	er will
halten	er hält	zuhören	er hört zu
helfen	er hilft	zusagen	er sagt zu
herumgehen	er geht herum	zusammenpassen	es passt zusammen
können	er kann		

Deutsch im Unterricht

 Hör …

 Ergänze …

 Lies …

 Kreuze an.

 Schreib … / Notiere …

 Unterstreiche.

 … im/ins Heft.

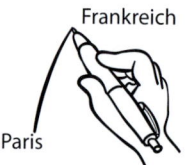 Verbinde.

 … an der/die Tafel.

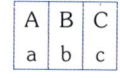 … in der/die Tabelle.

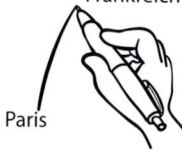 Ordne zu.

 Sprecht …

 Mal an.

 … zu zweit

 … in Gruppen

 … in der Klasse

  Der Kasten hilft.

Quellenverzeichnis

S. 4   Meike Birck

S. 5   alle Fotos: Meike Birck

S. 8   Fotos: Meike Birck

S. 10   1–4: Dieter Mayr;
5: BigLike Images – shutterstock.com

S. 16   1 Utekhina Anna – shutterstock.com,
2 Colonel – iStockphoto,
3 Steiner Wolfgang – shutterstock.com,
4 TYROstar mit freundlicher Genehmigung,
5 Schöning – imago stock,
6 defpicture – shuttersatock.com

S. 17   1 EvrenKalinbacak – shutterstock.com,
2 Wellford Tiller – shutterstock.com,
3 Michael Pettigrew – shutterstock.com,
4 elementals – shutterstock.com,
5 R. Carner – shutterstock.com

S. 19   1 Michael Pettigrew – shutterstock.com,
2 cobalt88 – shutterstock.com,
3 bergamont – shutterstock.com,
4 imago stock,
5 defpicture – shutterstock.com

S. 20   Dieter Mayr

S. 21   oben: Langenscheidt Archiv;
unten: Meike Birck

S. 23   wavebreakmedia – shutterstock.com

S. 24   Fotos: Meike Birck

S. 29   shutterstock.com

S. 31   alle Fotos: Dieter Mayr

S. 34   links: Sean Nel – shutterstock.com,
rechts: PhotoCreate – shutterstock.com

S. 35   Dieter Mayr

S. 36   Meike Birck

S. 43   Andrey Armyagov – shutterstock.com

S. 46   Claudia Dewald – iStockphoto

S. 47   1 cobalt88 – shutterstock.com,
2 Minerva Studio – shutterstock.com,
3 Artur Ish – shutterstock.com,
4 kak2s – shutterstock.com,
5 irin-k – shutterstock.com,
6 Konstantin Tronin – shutterstock.com

S. 50   Flugzeug: Andrii Gorulko – shutterstock.com,
Bus: Route55 – shutterstock.com,
Skateboard: nito – shutterstock.com

S. 53   1 Alma_sacra – Fotolia.com
2 YuryZap – shutterstock.com,
3 Oleksiy Mark – shutterstock.com,
4 Karin Schumann – pixelio,
5 Fotolia.com,
6 Route55 – shutterstock.com

Notizen

Notizen

Notizen